Hachette-BnF s'enrichit d'une nouvelle gamme d'ouvrages en couleurs, fac-similés d'éditions originales publiées jusqu'au début du xxe siècle, sélectionnées parmi des pièces remarquables et rares conservées à la Bibliothèque nationale de France.

Imprimés à la demande, ces ouvrages sont ainsi des reproductions fidèles d'éditions d'œuvres richement illustrées de gravures, peintures ou dessins réalisés par de grands artistes. Les œuvres de cette collection ont été numérisées par la BnF et sont consultables en version numérique sur Gallica.

Pour découvrir tous les titres du catalogue, rendez-vous sur www.hachettebnf.fr

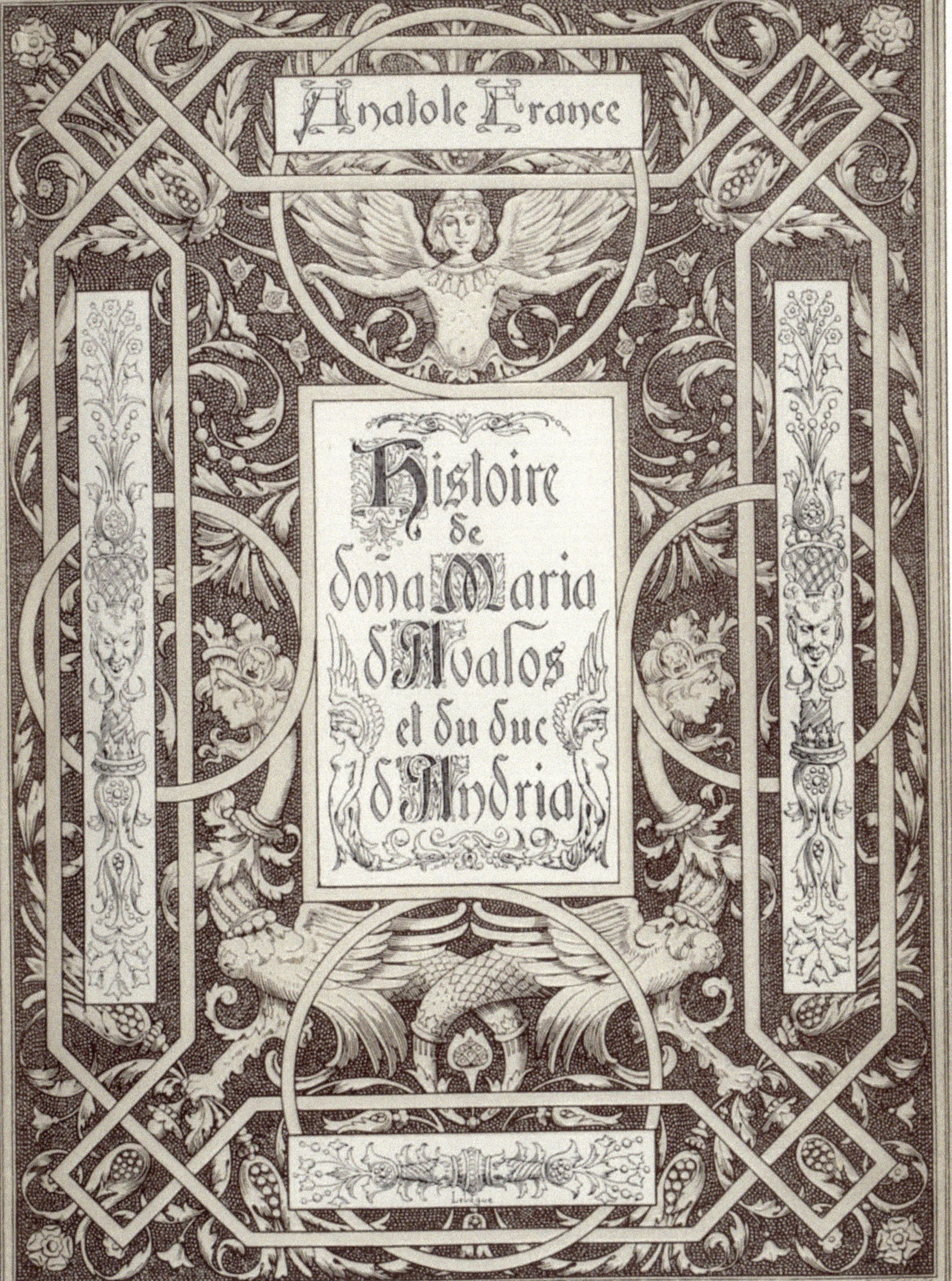
Anatole France
Histoire de doña Maria d'Avalos et du duc d'Andria

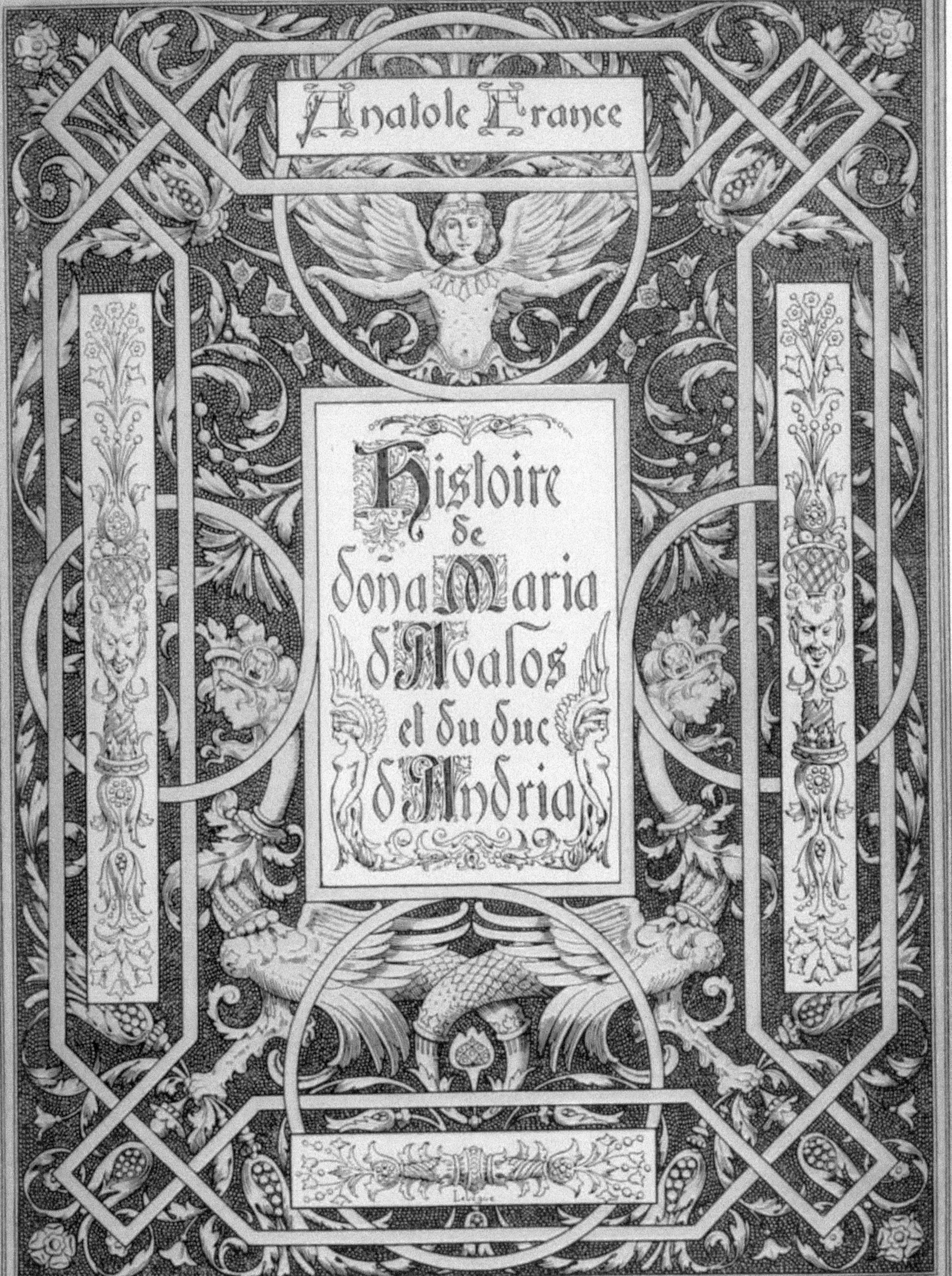
Anatole France
Histoire
de
doña Maria
d'Avalos
et du duc
d'Andria

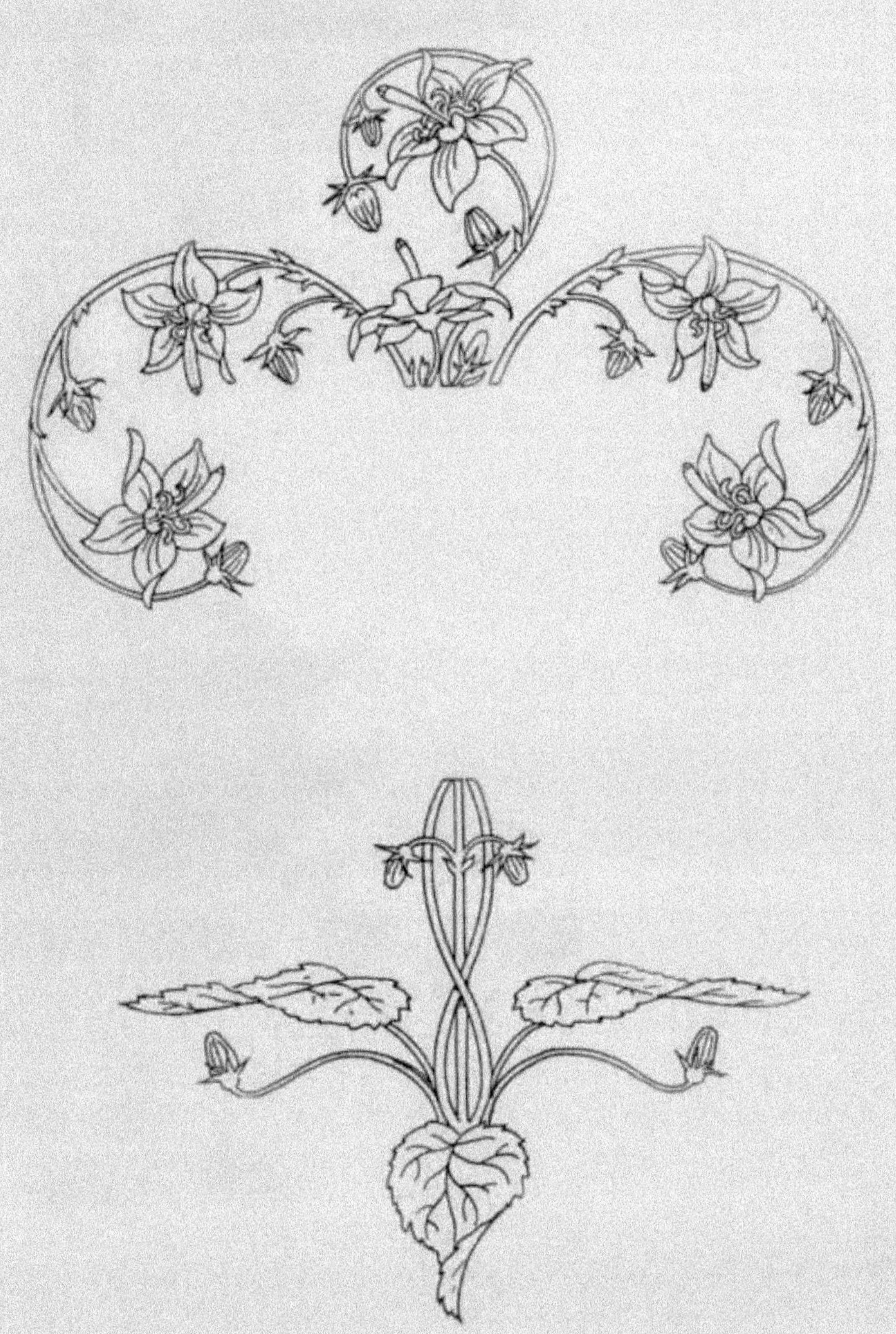

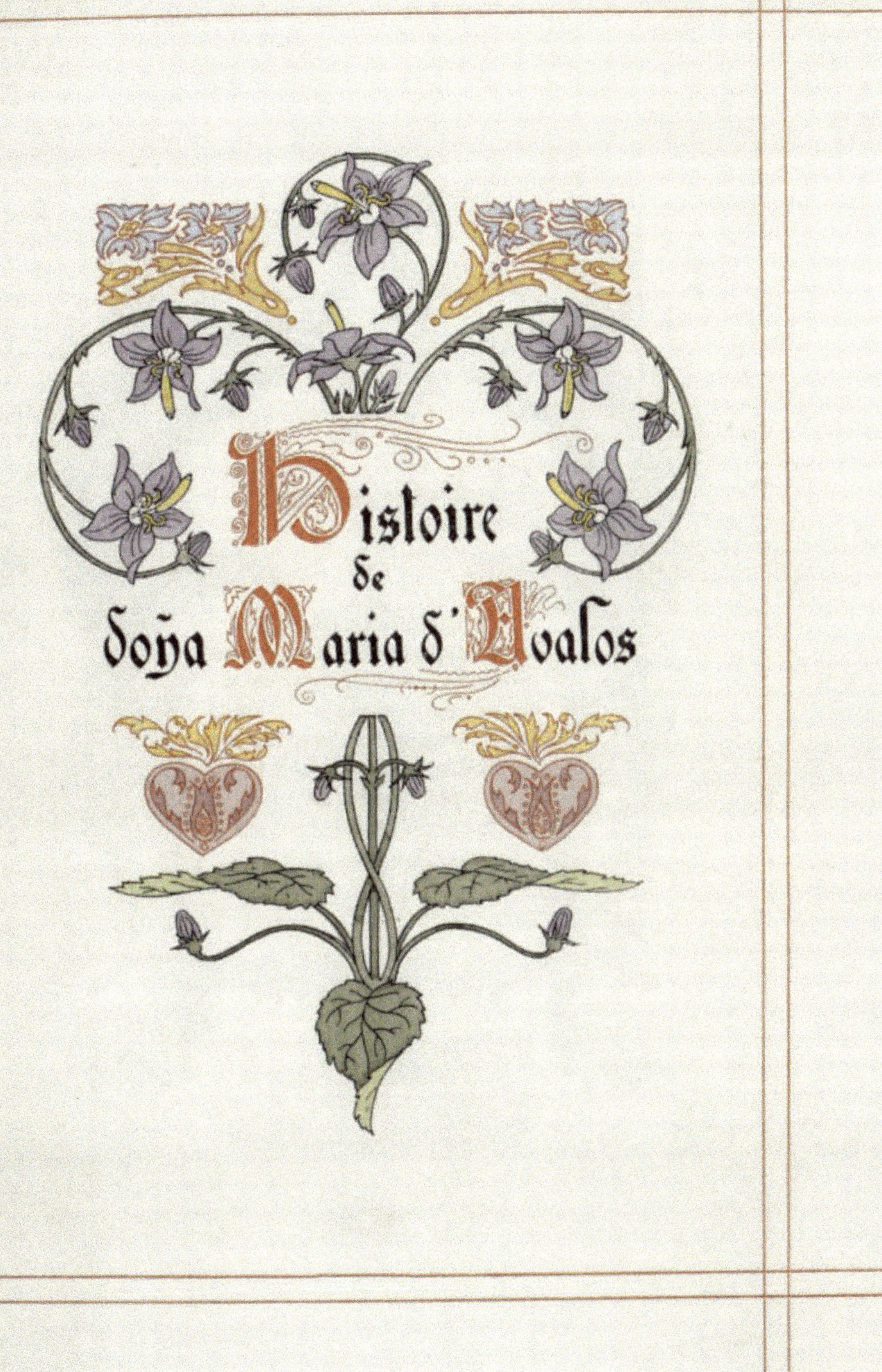
Histoire
de
doña Maria d'Avalos

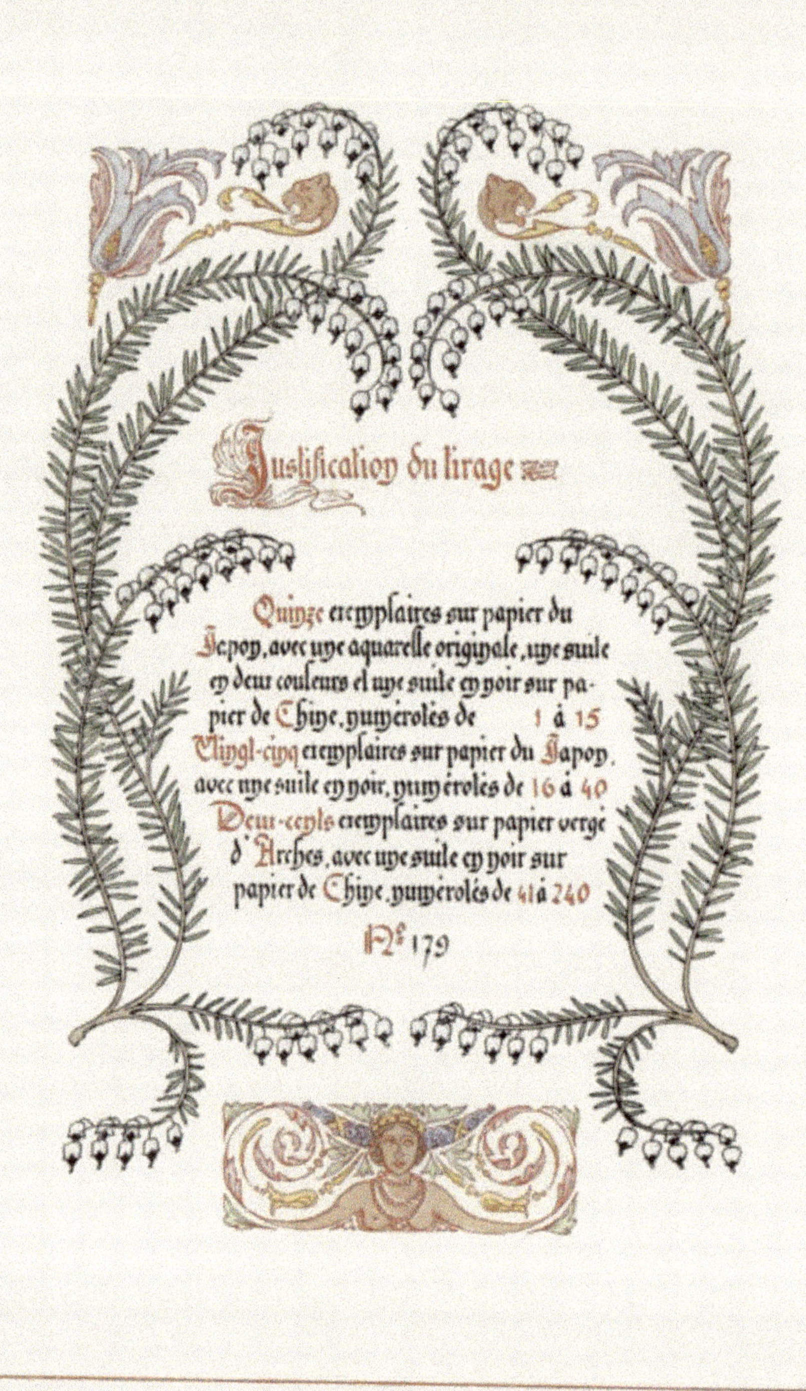

Justification du tirage

Quinze exemplaires sur papier du Japon, avec une aquarelle originale, une suite en deux couleurs et une suite en noir sur papier de Chine, numérotés de 1 à 15

Vingt-cinq exemplaires sur papier du Japon, avec une suite en noir, numérotés de 16 à 40

Deux-cents exemplaires sur papier vergé d'Arches, avec une suite en noir sur papier de Chine, numérotés de 41 à 240

Nº 179

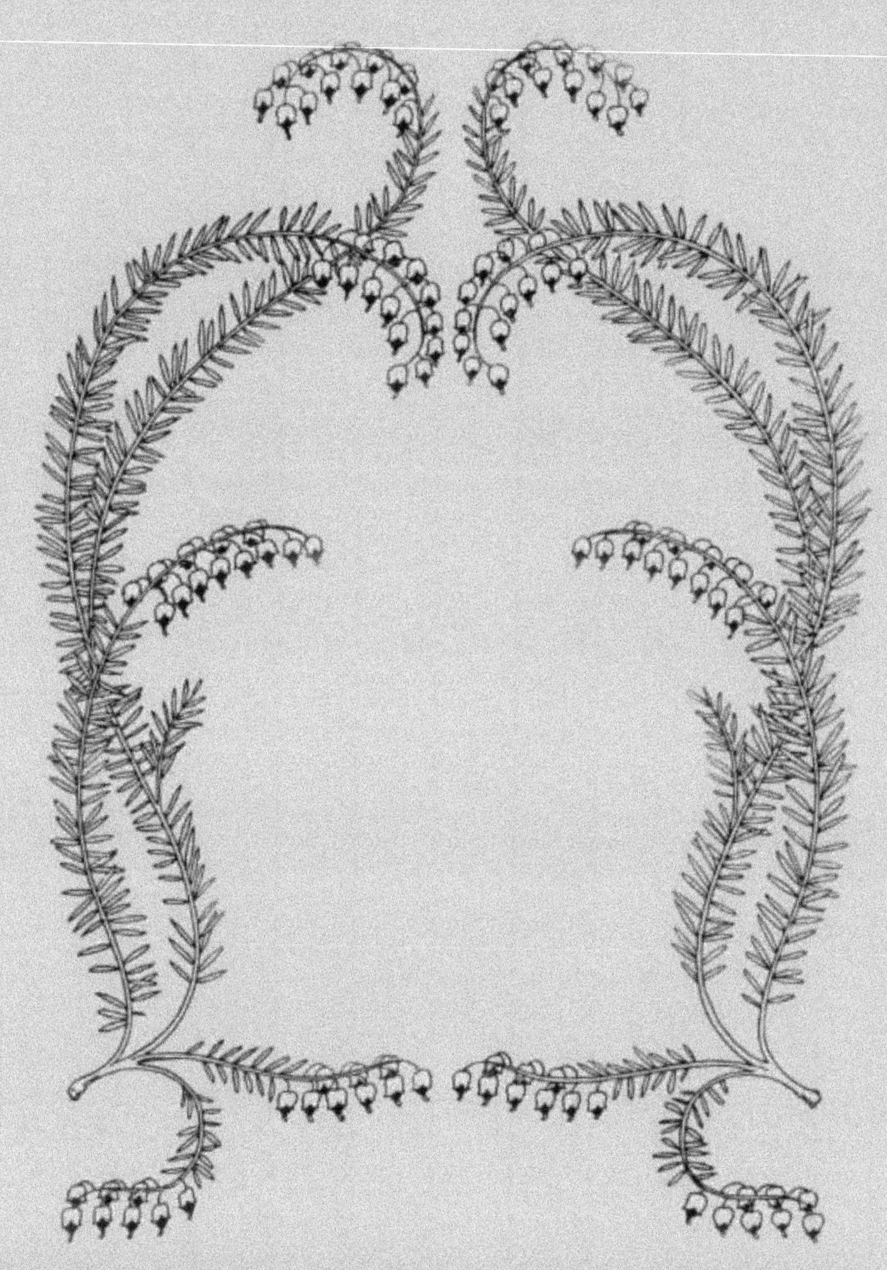

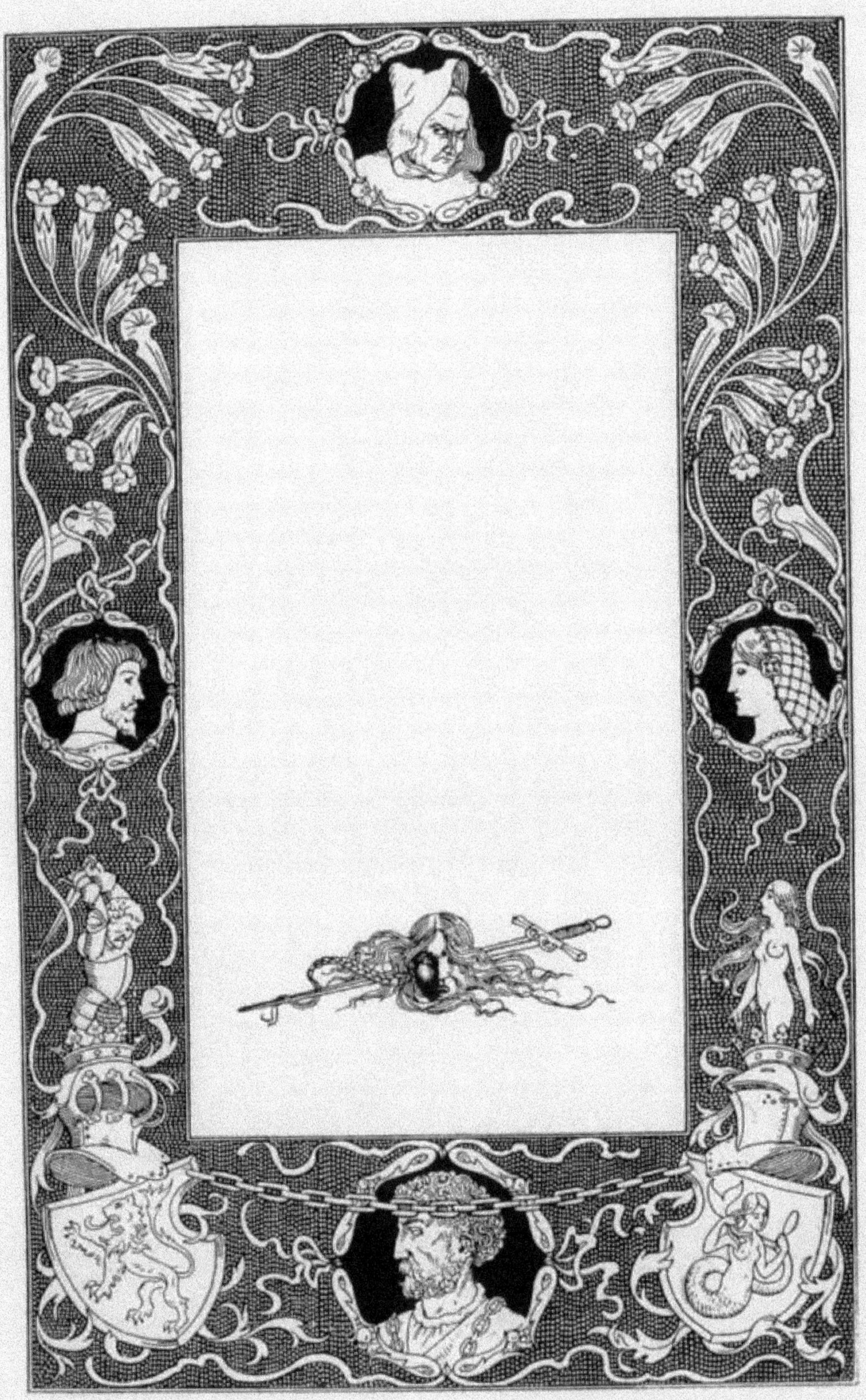

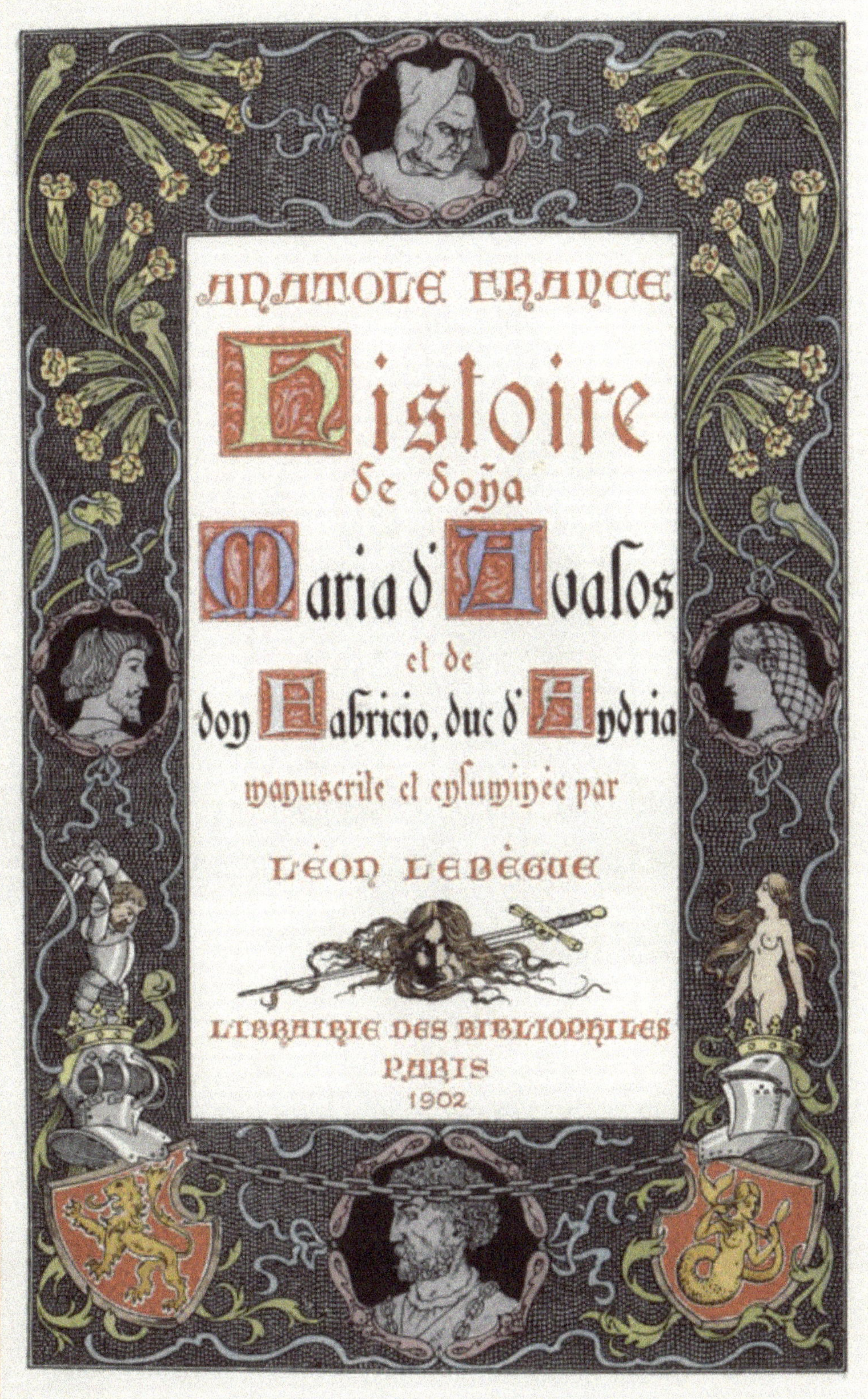

ANATOLE FRANCE

Histoire de doña Maria d'Avalos et de don Fabricio, duc d'Andria

manuscrite et enluminée par

LÉON LEBÈGUE

LIBRAIRIE DES BIBLIOPHILES

PARIS

1902

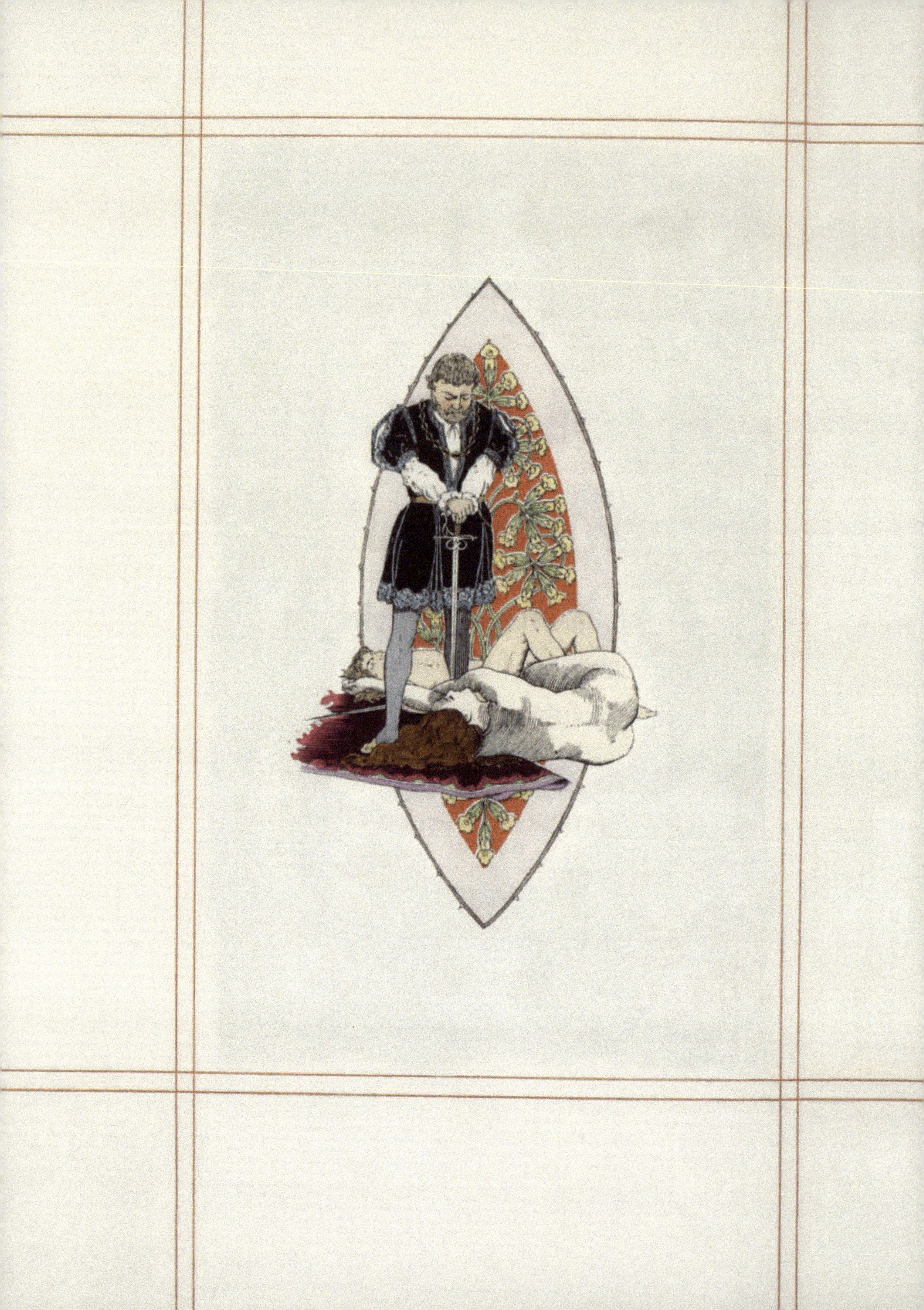

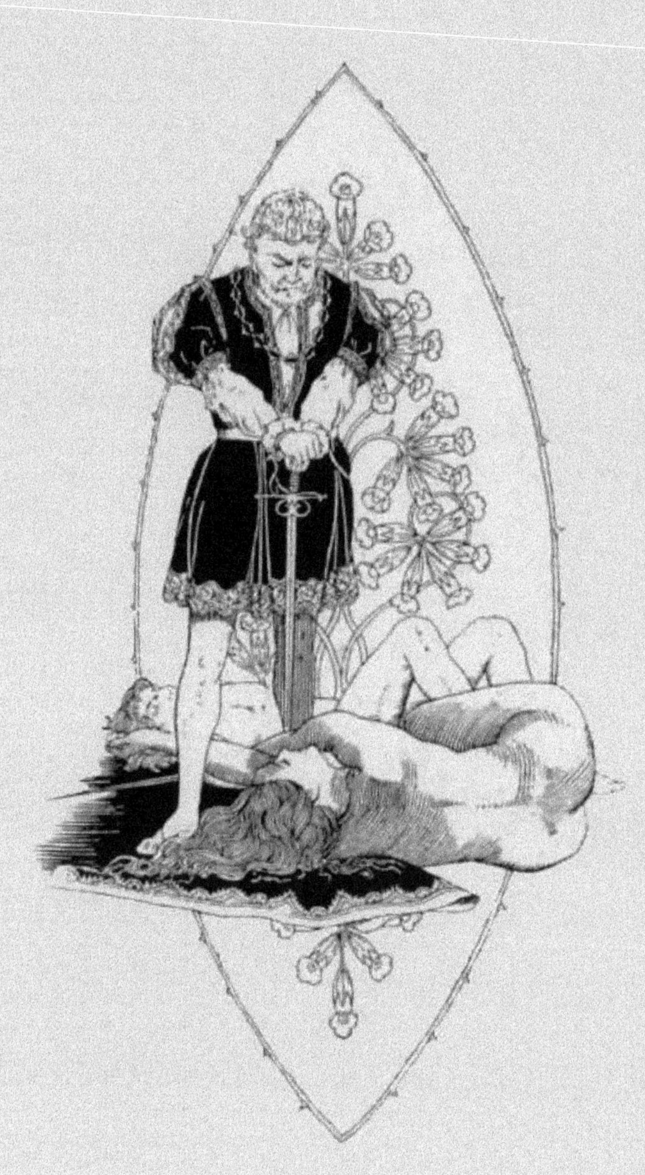

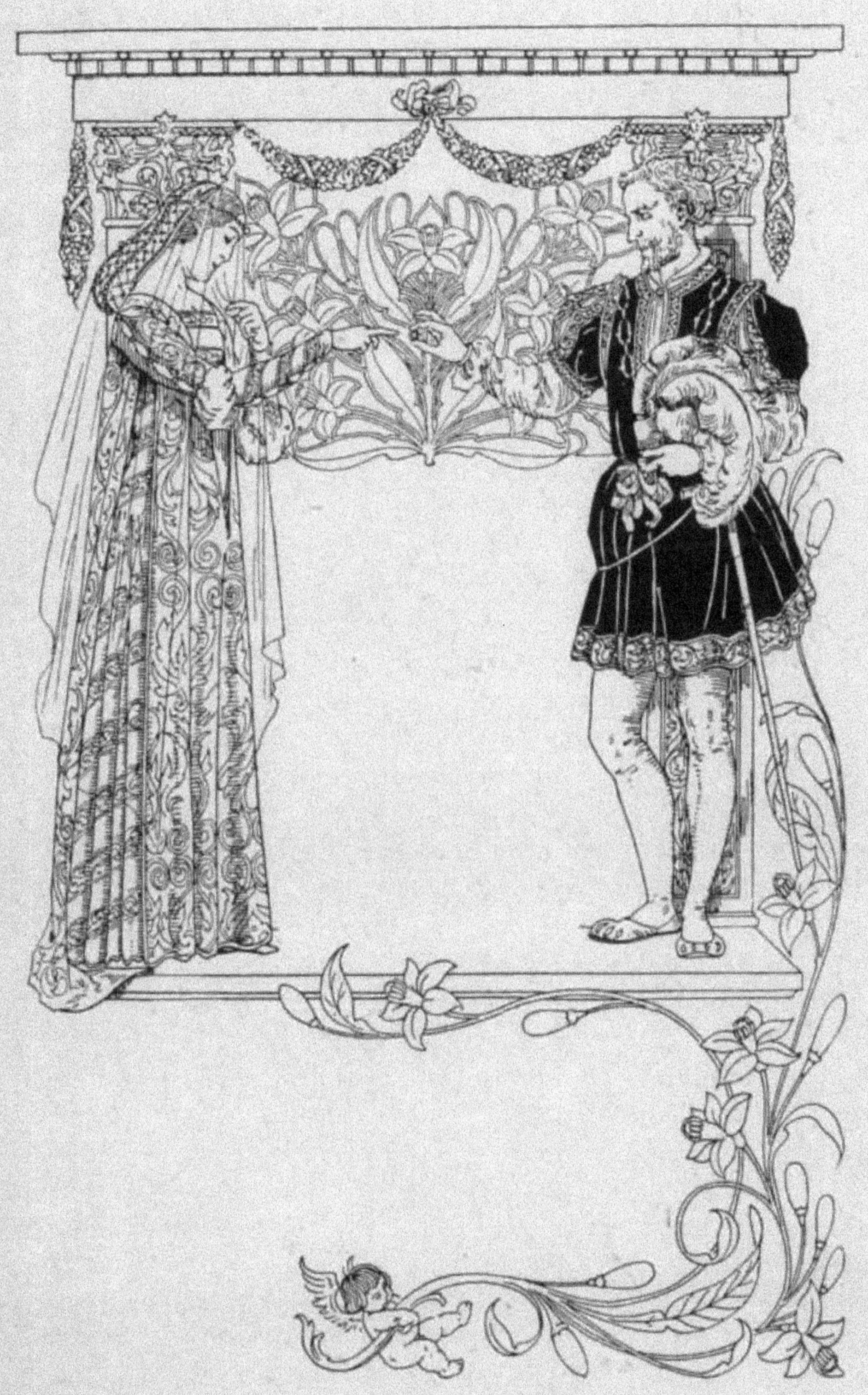

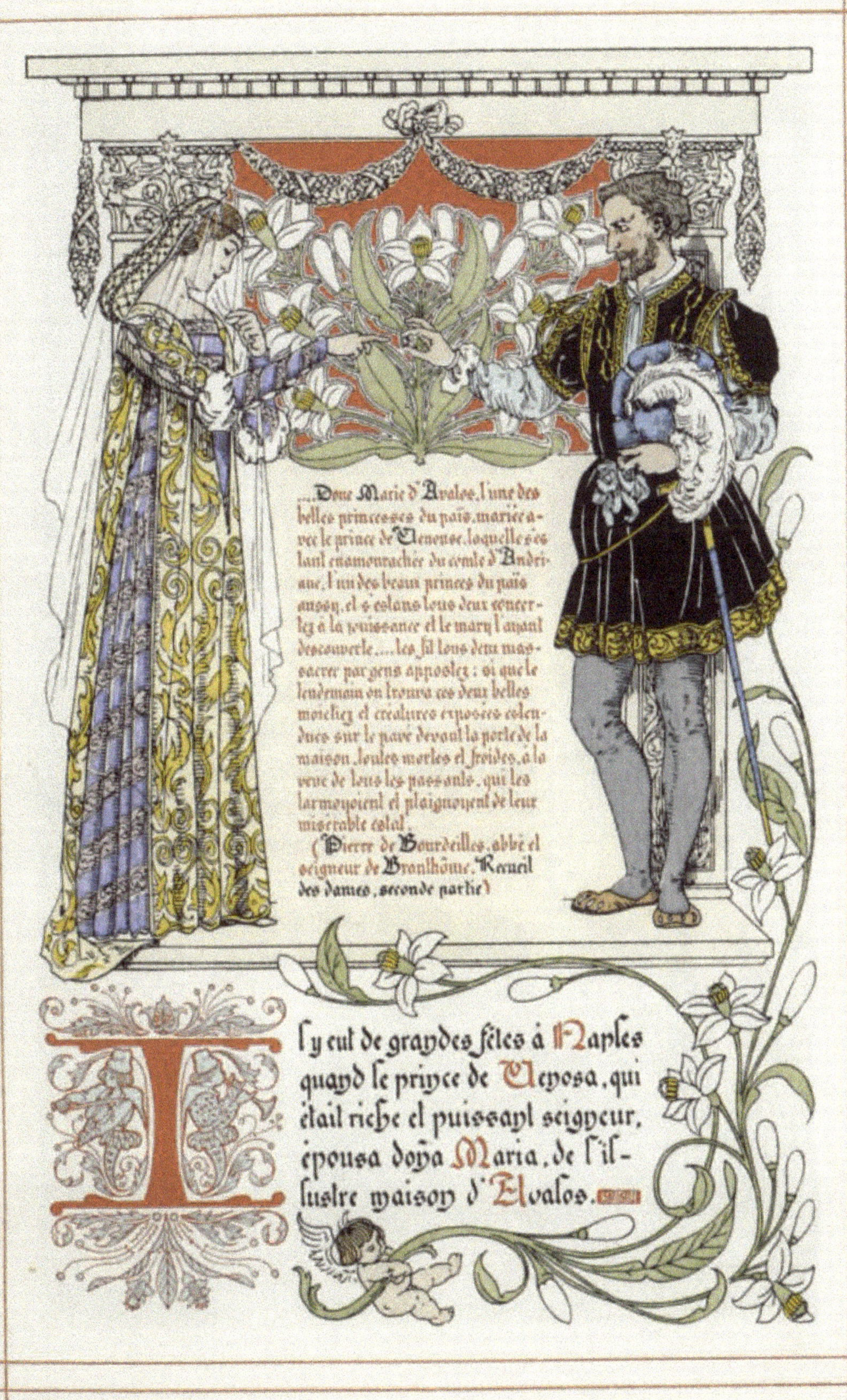

...Done Marie d'Avalos, l'une des belles princesses du païs, mariée avec le prince de Venouse, laquelle s'estant enamourachée du comte d'Andriane, l'un des beaux princes du païs aussy, et s'estans tous deux concertez à la jouissance et le mary l'ayant descouverte.... les fit tous deux massacrer par gens appostez ; si que le lendemain on trouva ces deux belles moitiez et créatures exposées estendues sur le pavé devant la porte de la maison, toutes mortes et froides, à la veue de tous les passants, qui les larmoyoient et plaignoyent de leur misérable estat.

(Pierre de Bourdeilles, abbé et seigneur de Branthôme, Recueil des dames, seconde partie)

Il y eut de grandes fêtes à Naples quand le prince de Venosa, qui était riche et puissant seigneur, épousa doña Maria, de l'illustre maison d'Avalos.

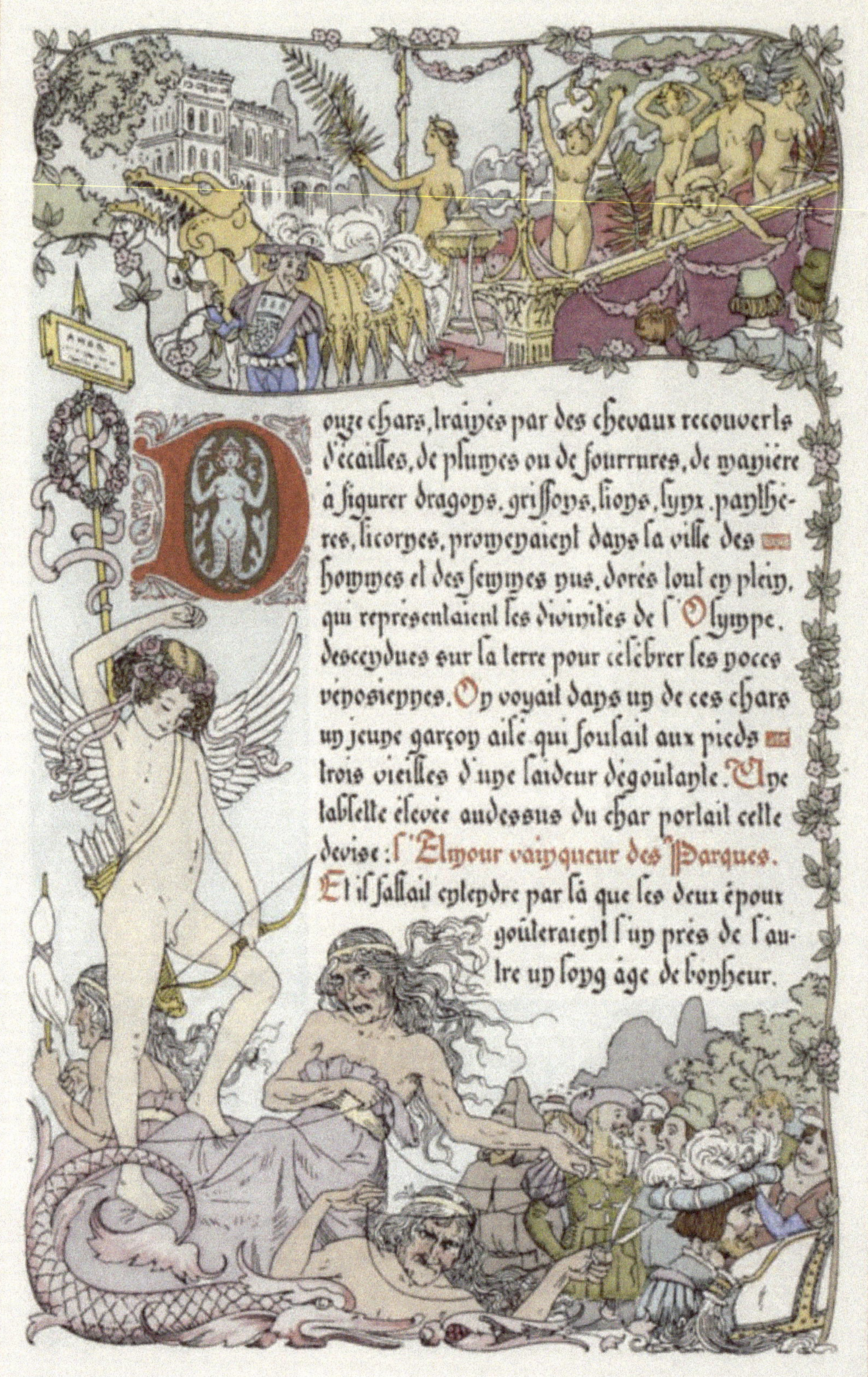

Douze chars, traînés par des chevaux recouverts d'écailles, de plumes ou de fourrures, de manière à figurer dragons, griffons, lions, lynx, panthères, licornes, promenaient dans la ville des hommes et des femmes nus, dorés tout en plein, qui représentaient les divinités de l'Olympe, descendues sur la terre pour célébrer les noces vénosiennes. On voyait dans un de ces chars un jeune garçon ailé qui foulait aux pieds trois vieilles d'une laideur dégoûtante. Une tablette élevée audessus du char portait cette devise : l'Amour vainqueur des Parques. Et il fallait entendre par là que les deux époux goûteraient l'un près de l'autre un long âge de bonheur.

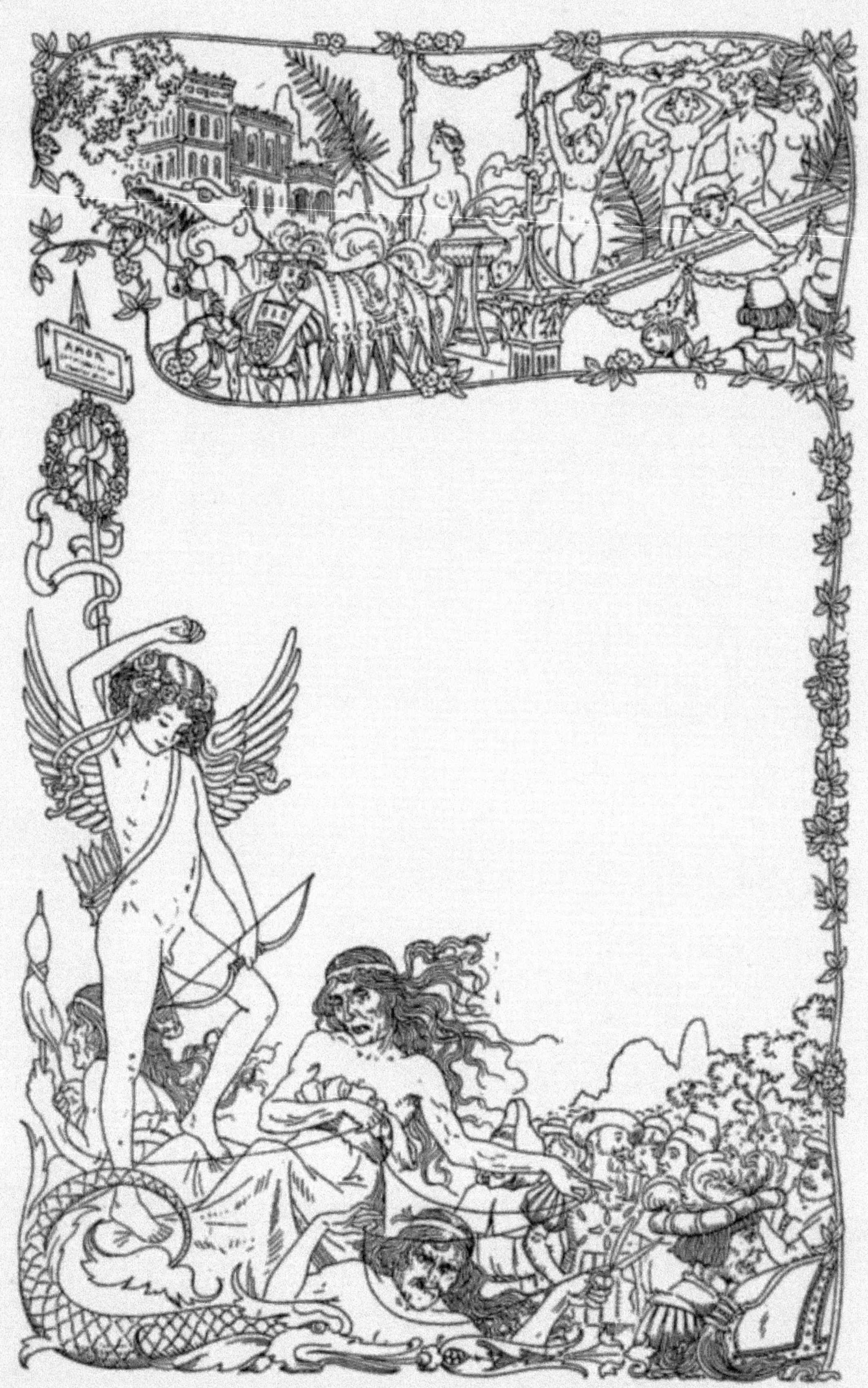
AMOR

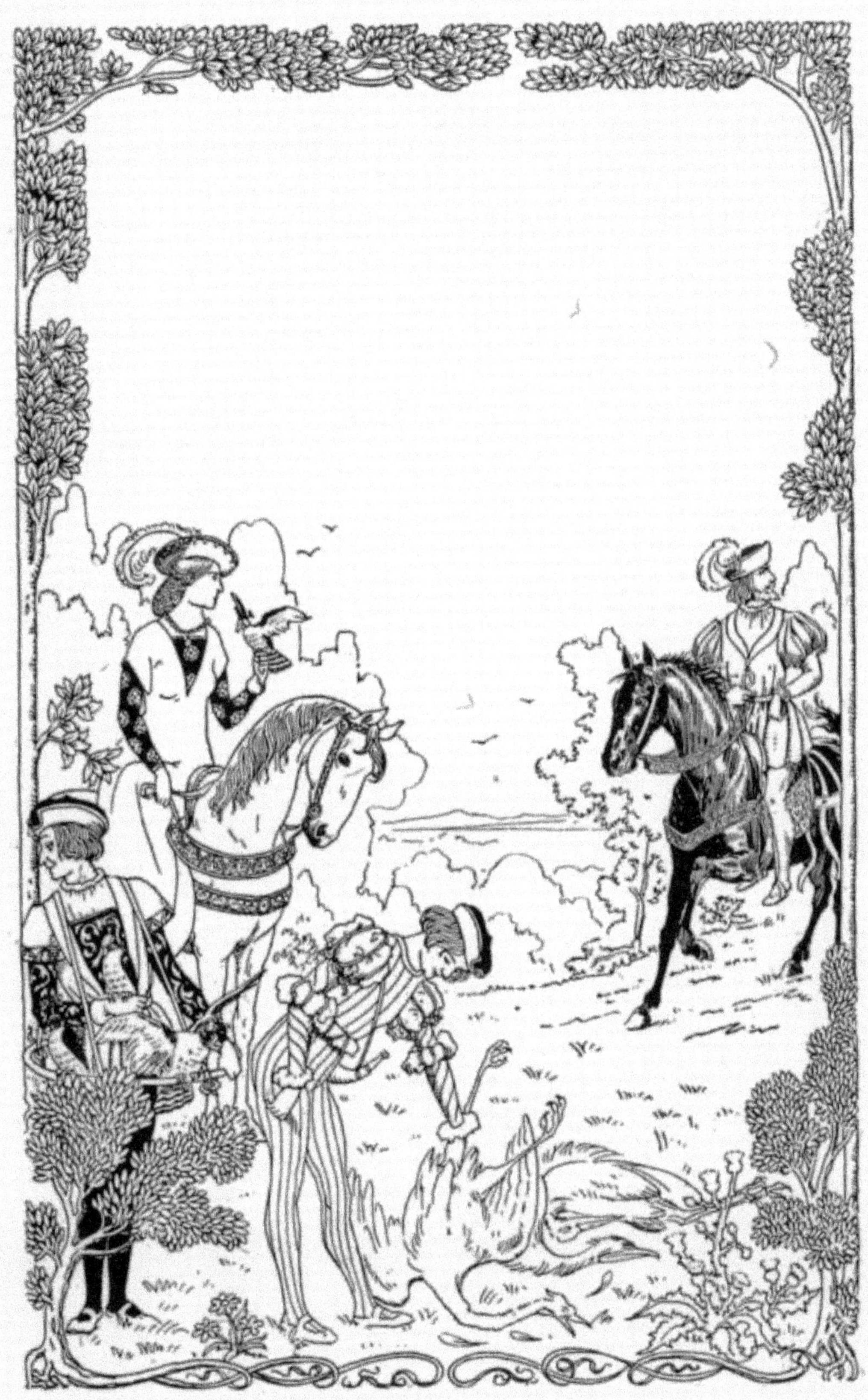

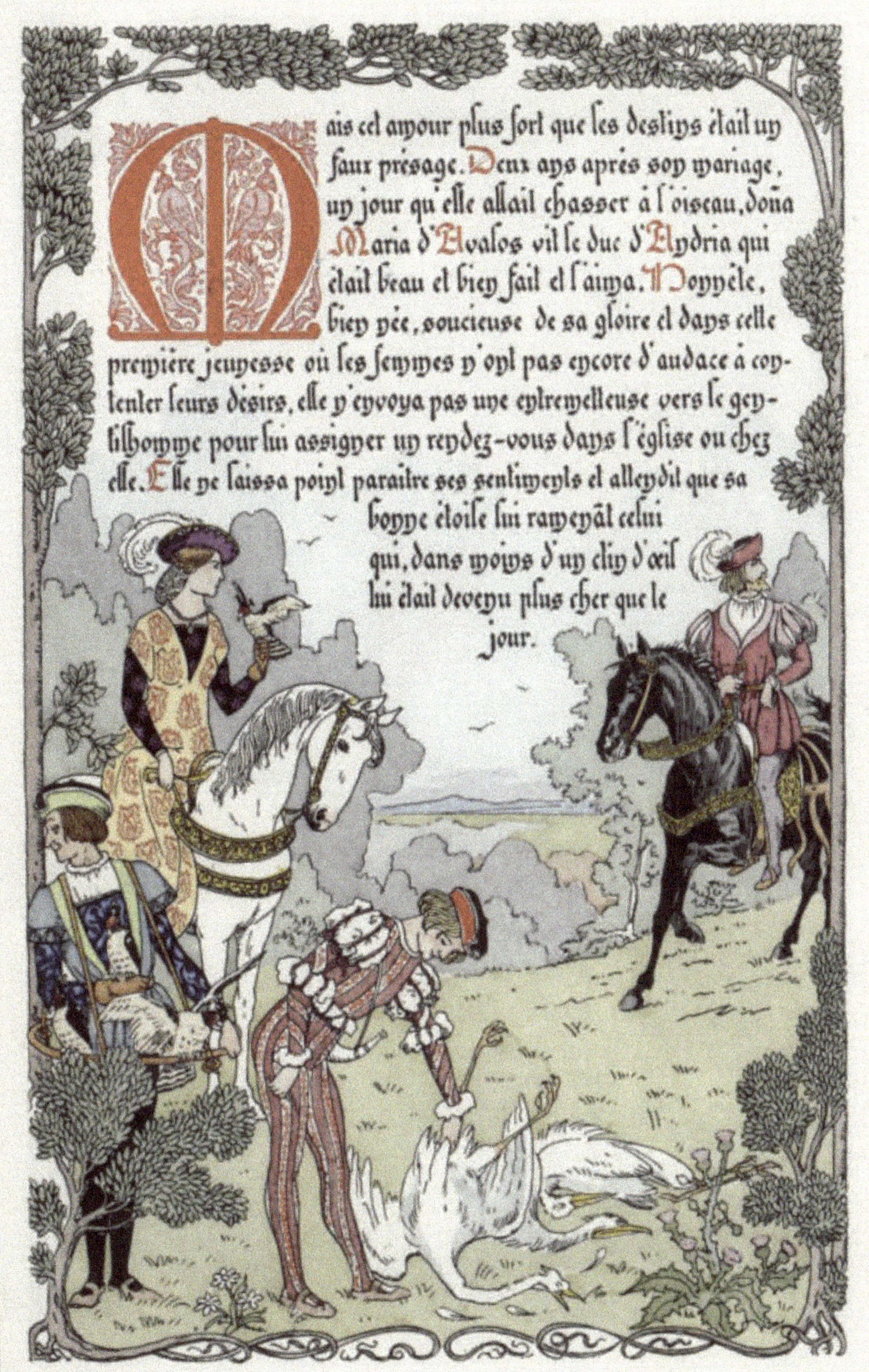

Mais cet amour plus fort que les destins était un faux présage. Deux ans après son mariage, un jour qu'elle allait chasser à l'oiseau, doña Maria d'Avalos vit le duc d'Andria qui était beau et bien fait et l'aima. Honnête, bien née, soucieuse de sa gloire et dans cette première jeunesse où les femmes n'ont pas encore d'audace à contenter leurs désirs, elle n'envoya pas une entremetteuse vers le gentilhomme pour lui assigner un rendez-vous dans l'église ou chez elle. Elle ne laissa point paraître ses sentiments et attendit que sa bonne étoile lui ramenât celui qui, dans moins d'un clin d'œil lui était devenu plus cher que le jour.

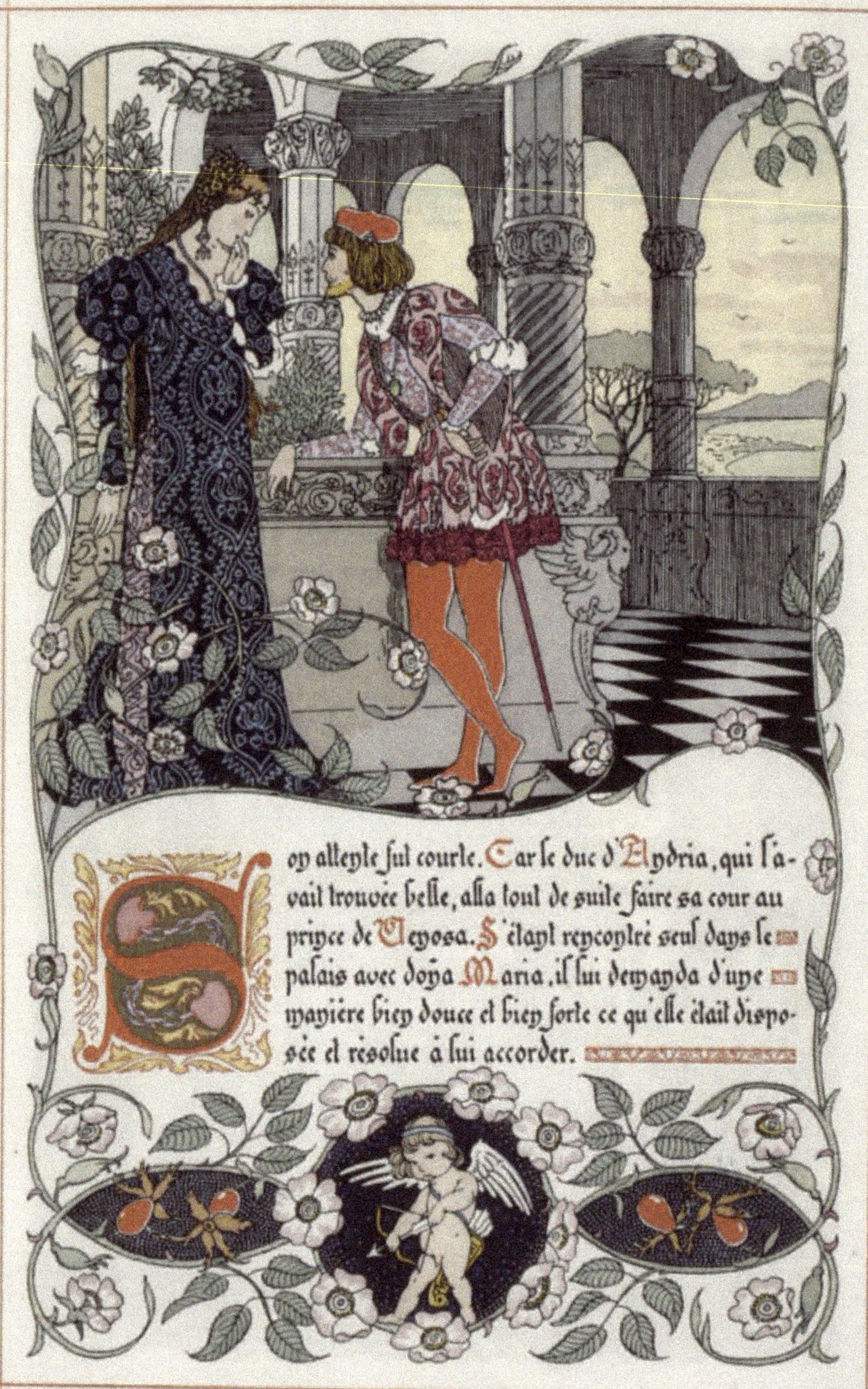

Son attente fut courte. Car le duc d'Andria, qui l'avait trouvée belle, alla tout de suite faire sa cour au prince de Venosa. S'étant rencontré seul dans le palais avec doña Maria, il lui demanda d'une manière bien douce et bien forte ce qu'elle était disposée et résolue à lui accorder.

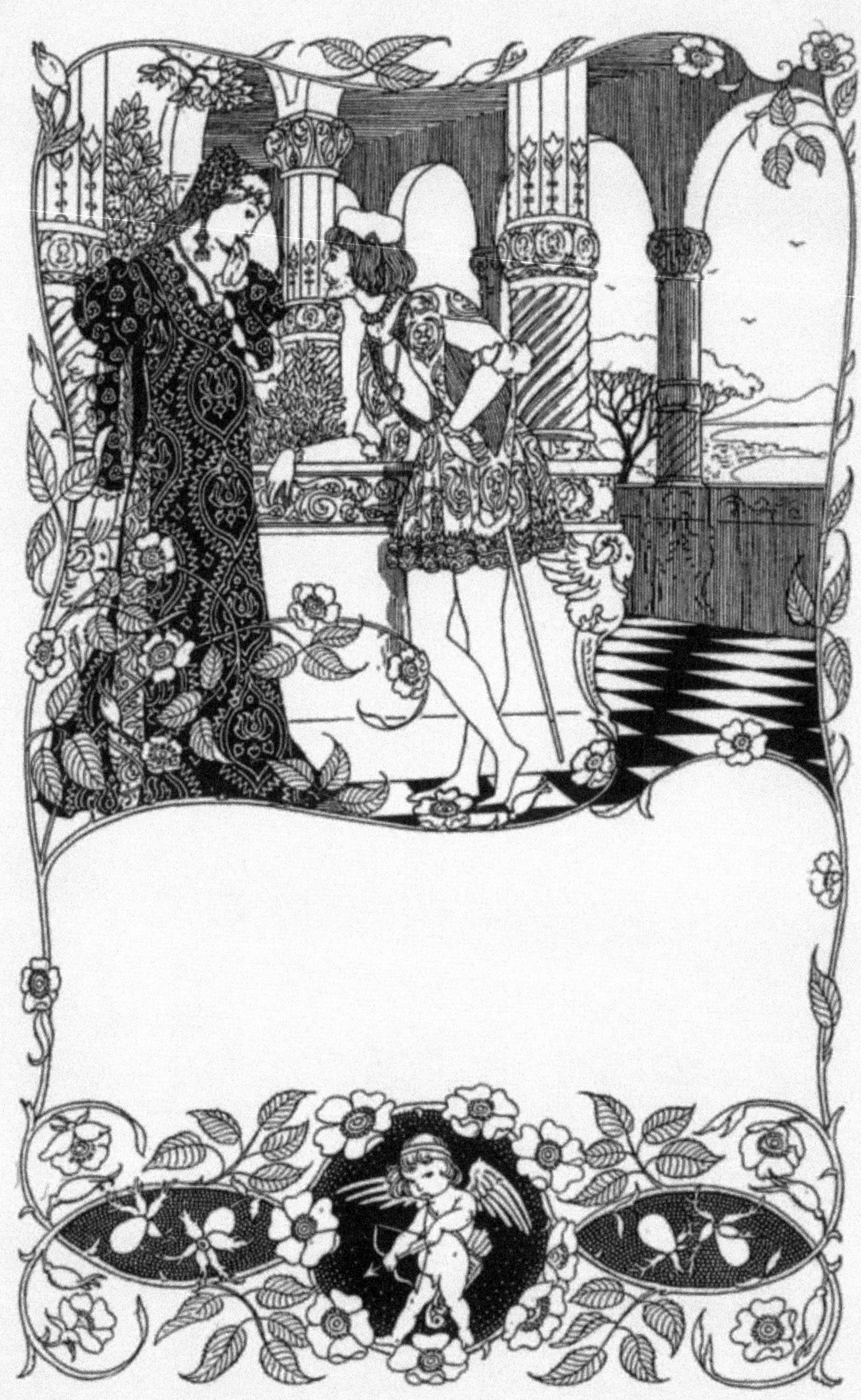

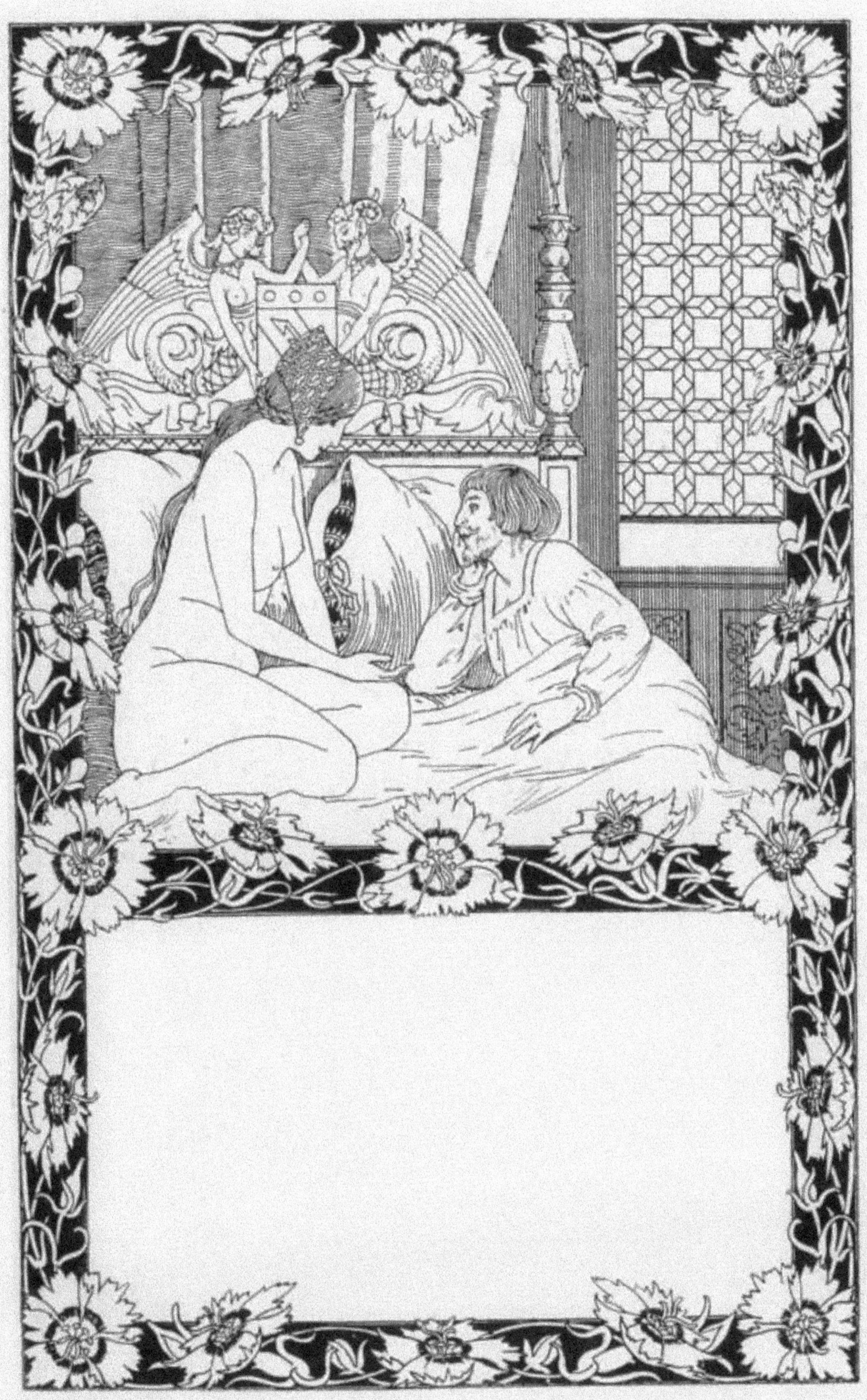

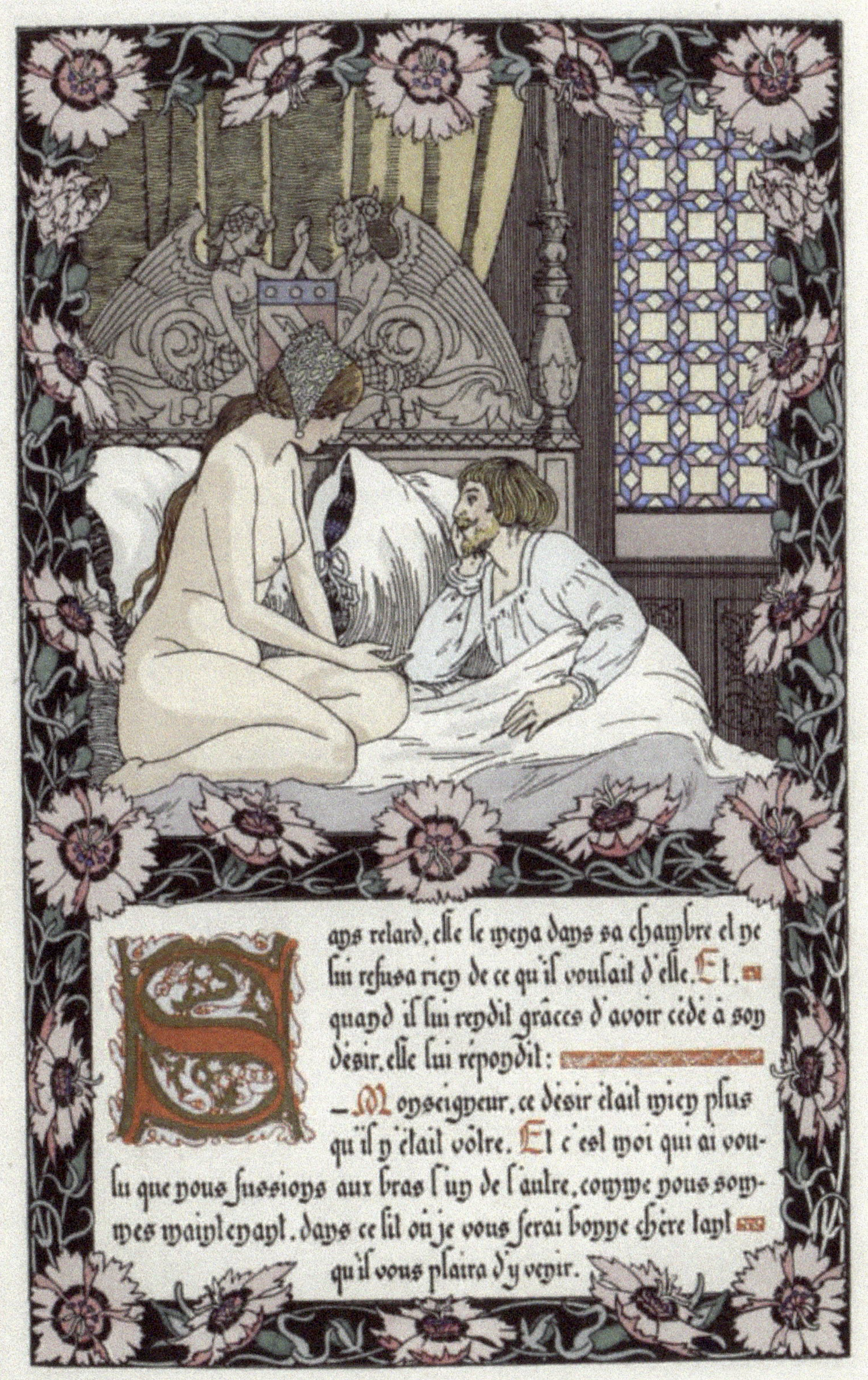

Sans retard, elle le mena dans sa chambre et ne lui refusa rien de ce qu'il voulait d'elle. Et quand il lui rendit grâces d'avoir cédé à son désir, elle lui répondit :

— Monseigneur, ce désir était mien plus qu'il n'était vôtre. Et c'est moi qui ai voulu que nous fussions aux bras l'un de l'autre, comme nous sommes maintenant, dans ce lit où je vous ferai bonne chère tant qu'il vous plaira d'y venir.

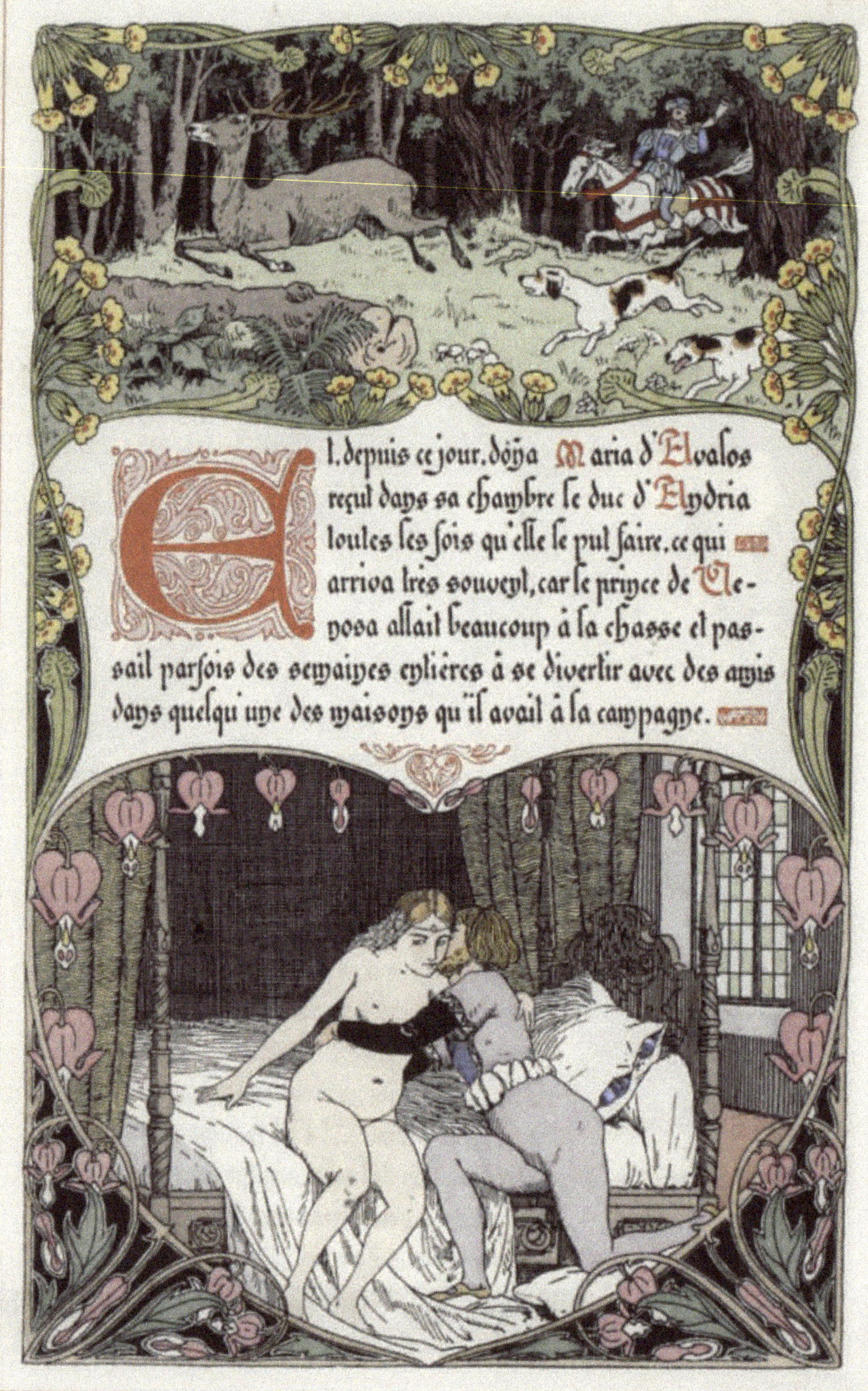

Et, depuis ce jour, doña Maria d'Avalos reçut dans sa chambre le duc d'Andria toutes les fois qu'elle le put faire, ce qui arriva très souvent, car le prince de Venosa allait beaucoup à la chasse et passait parfois des semaines entières à se divertir avec des amis dans quelqu'une des maisons qu'il avait à la campagne.

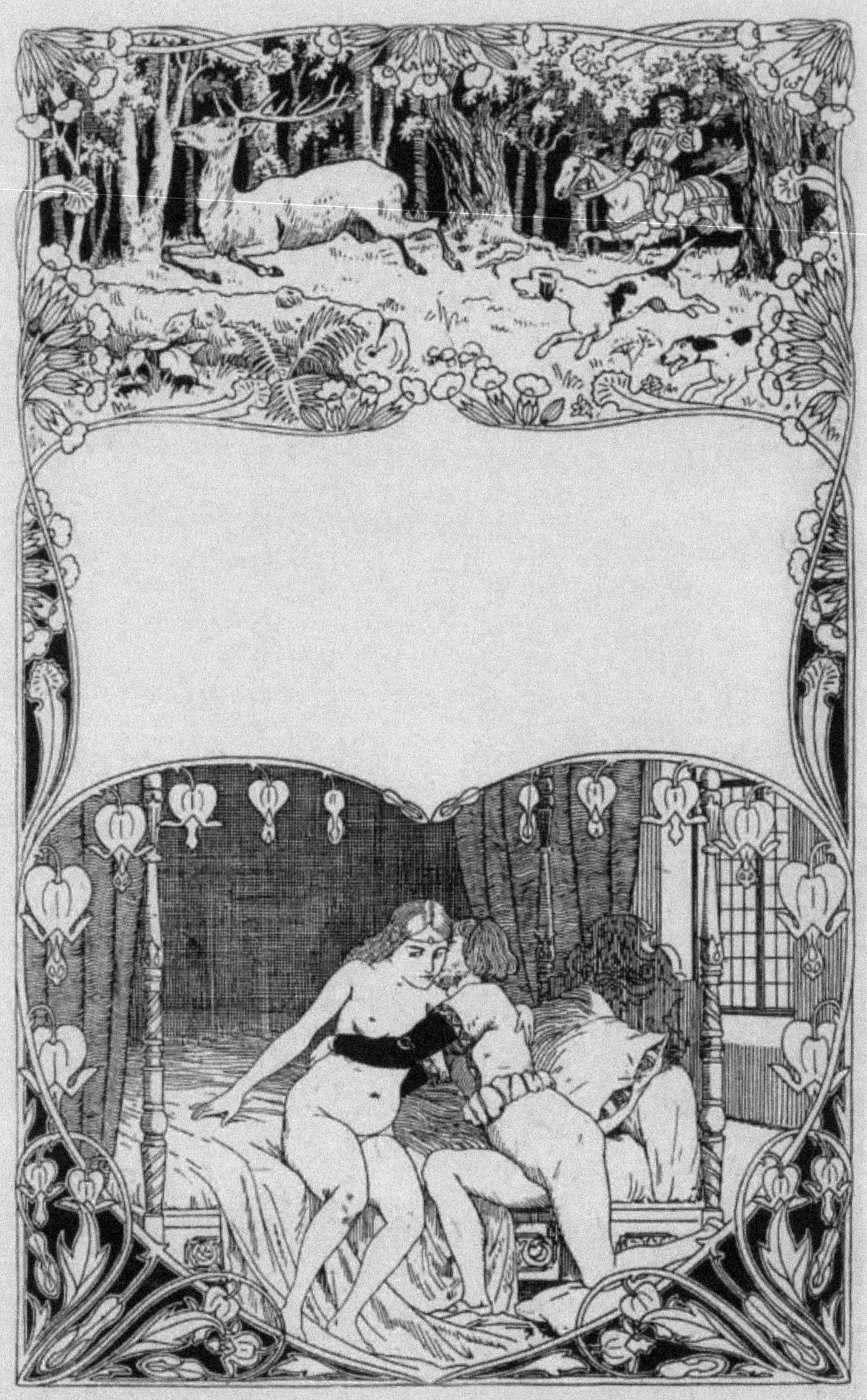

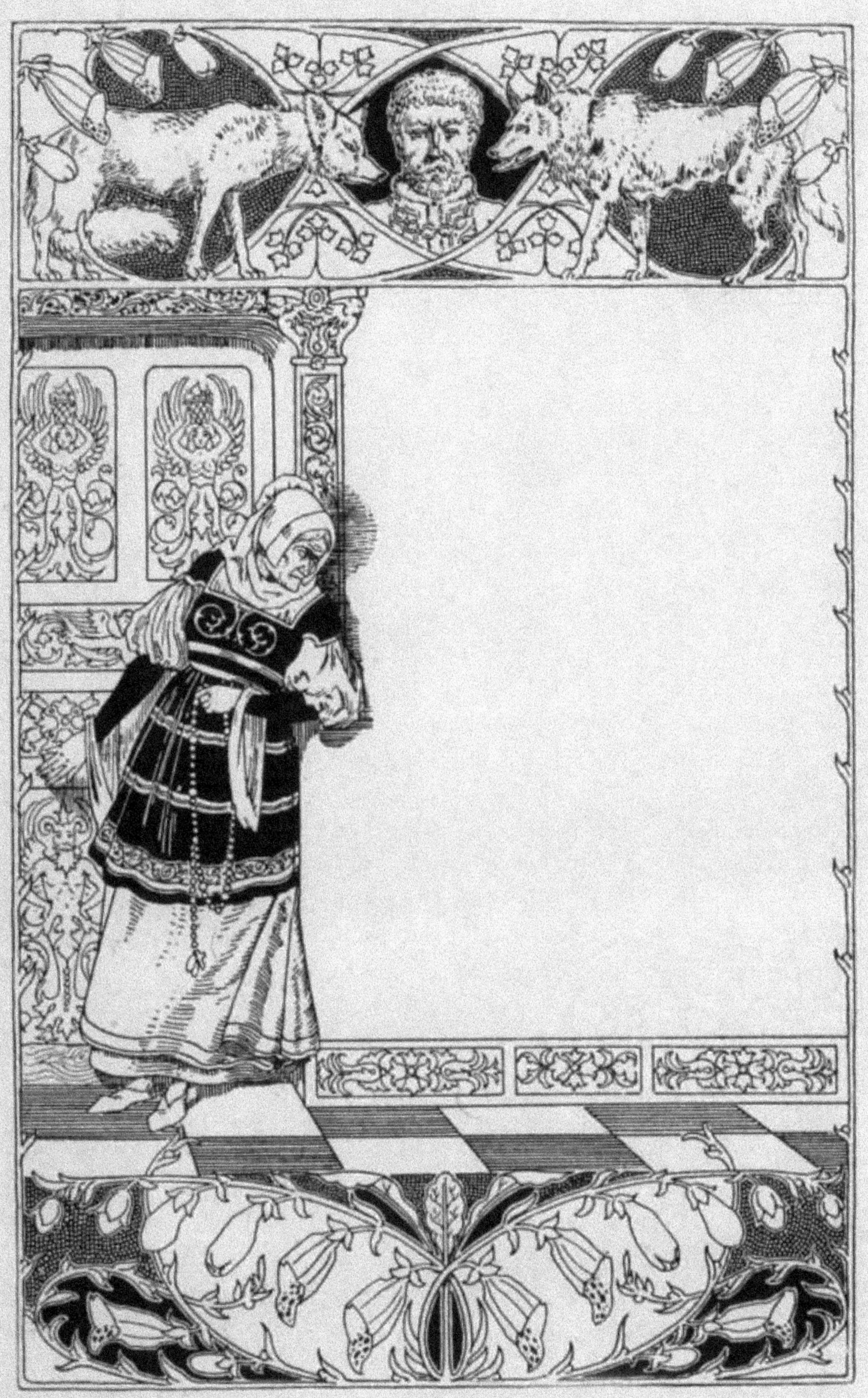

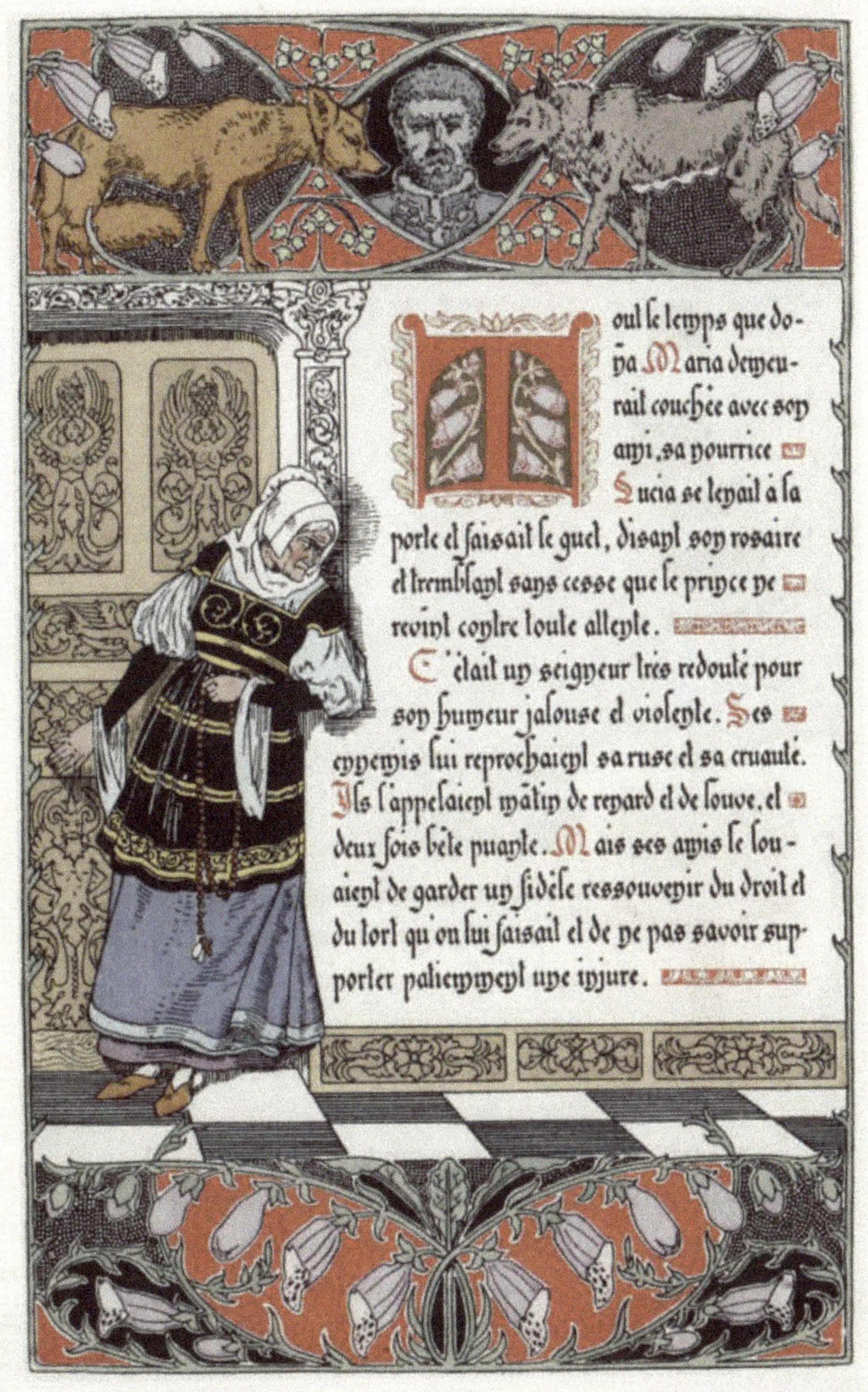

Tout le temps que doña Maria demeurait couchée avec son ami, sa nourrice Lucia se tenait à la porte et faisait le guet, disant son rosaire et tremblant sans cesse que le prince ne revînt contre toute attente.

C'était un seigneur très redouté pour son humeur jalouse et violente. Ses ennemis lui reprochaient sa ruse et sa cruauté. Ils l'appelaient mâtin de renard et de louve, et deux fois bête puante. Mais ses amis le louaient de garder un fidèle ressouvenir du droit et du tort qu'on lui faisait et de ne pas savoir supporter patiemment une injure.

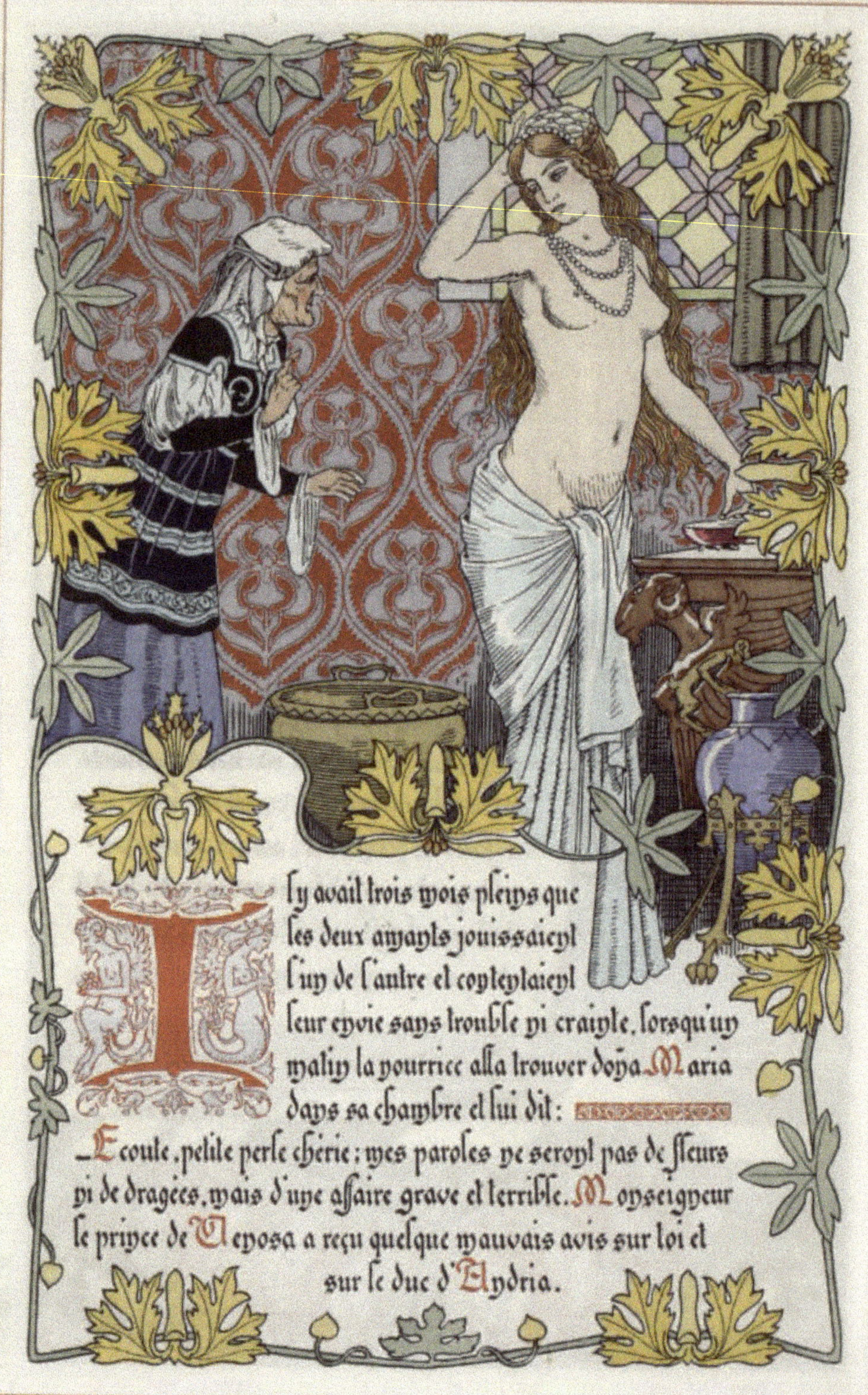

Il y avait trois mois pleins que les deux amants jouissaient l'un de l'autre et contentaient leur envie sans trouble ni crainte, lorsqu'un matin la nourrice alla trouver doña Maria dans sa chambre et lui dit :

— Ecoute, petite perle chérie ; mes paroles ne seront pas de fleurs ni de dragées, mais d'une affaire grave et terrible. Monseigneur le prince de Venosa a reçu quelque mauvais avis sur toi et sur le duc d'Andria.

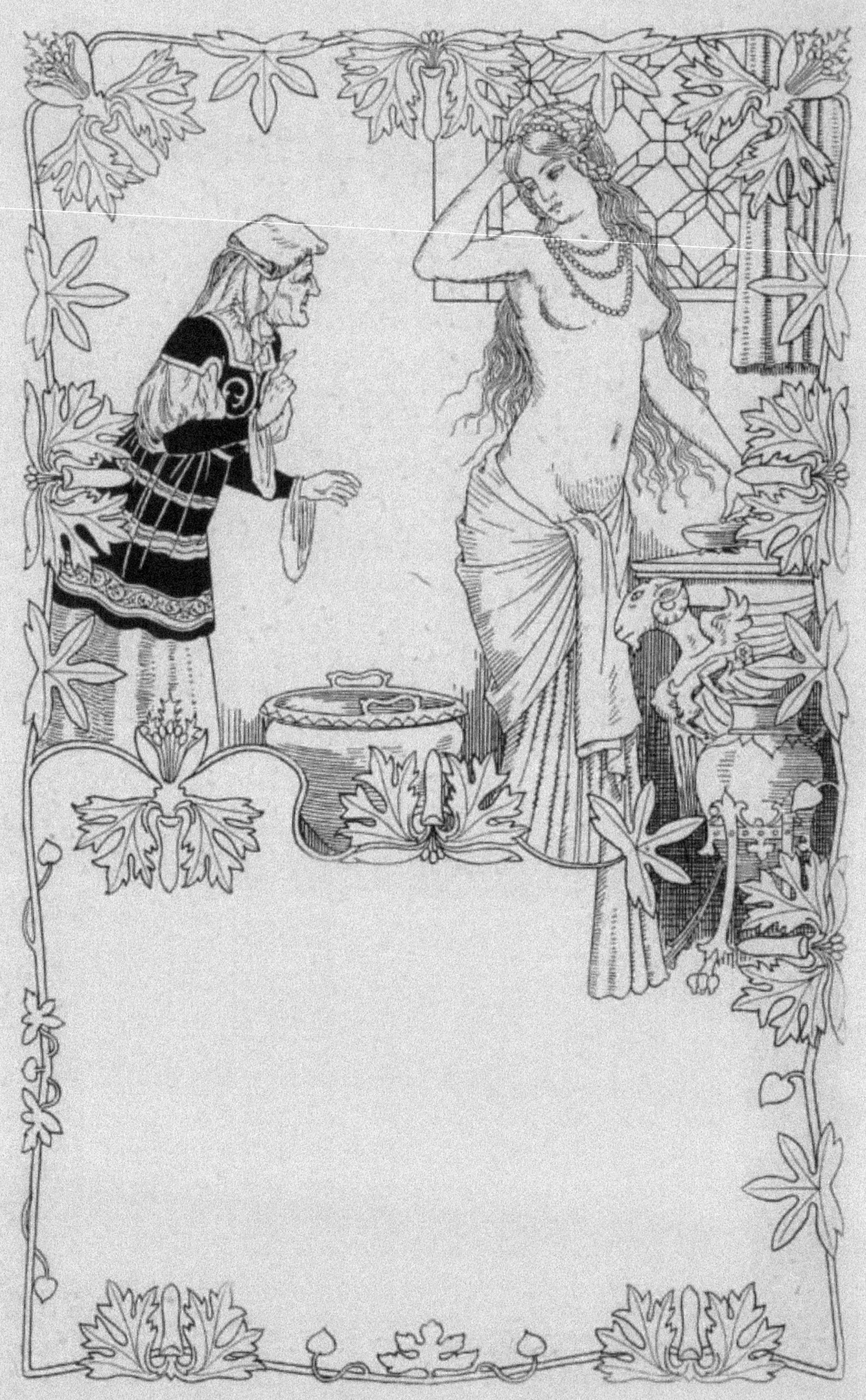

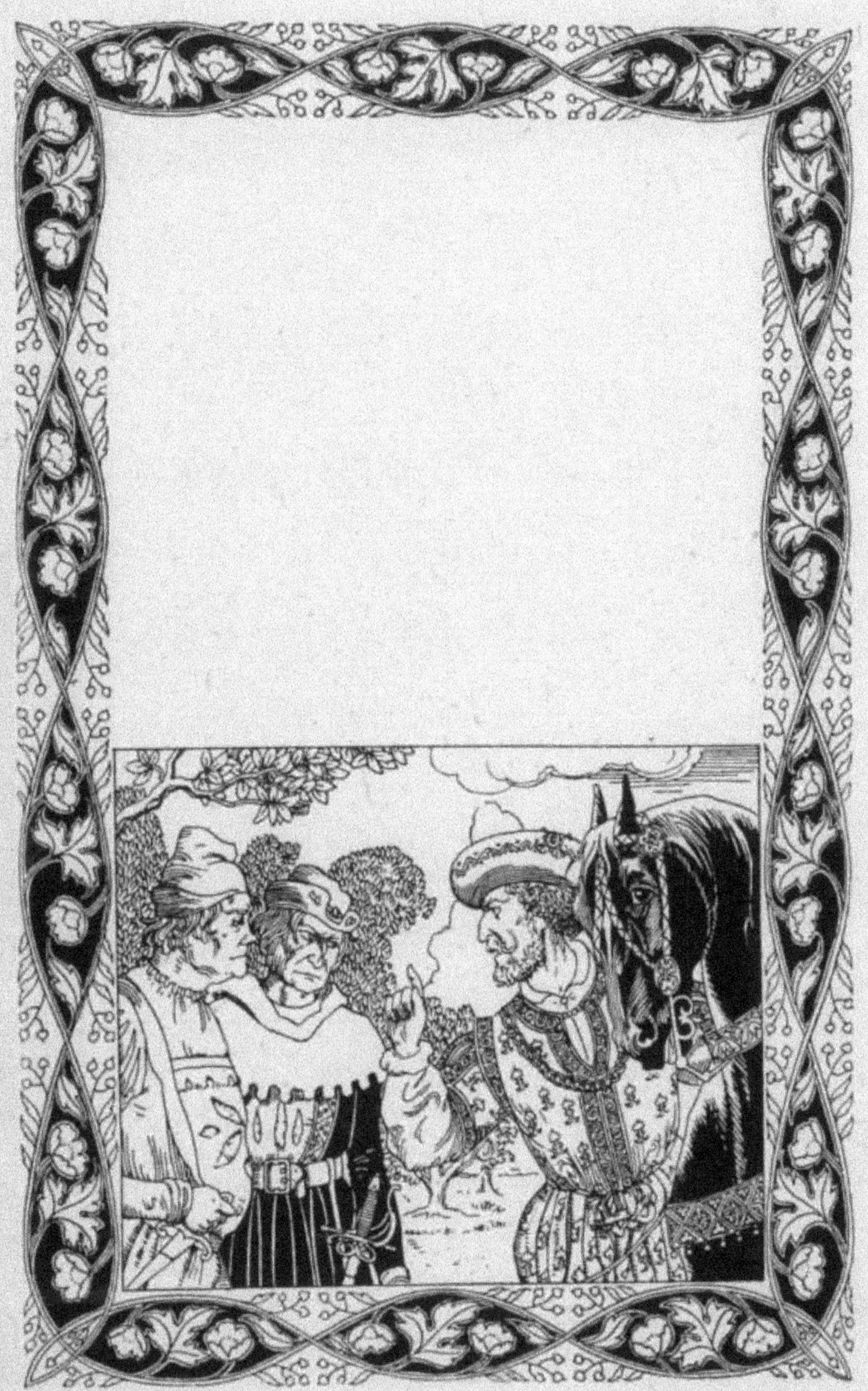

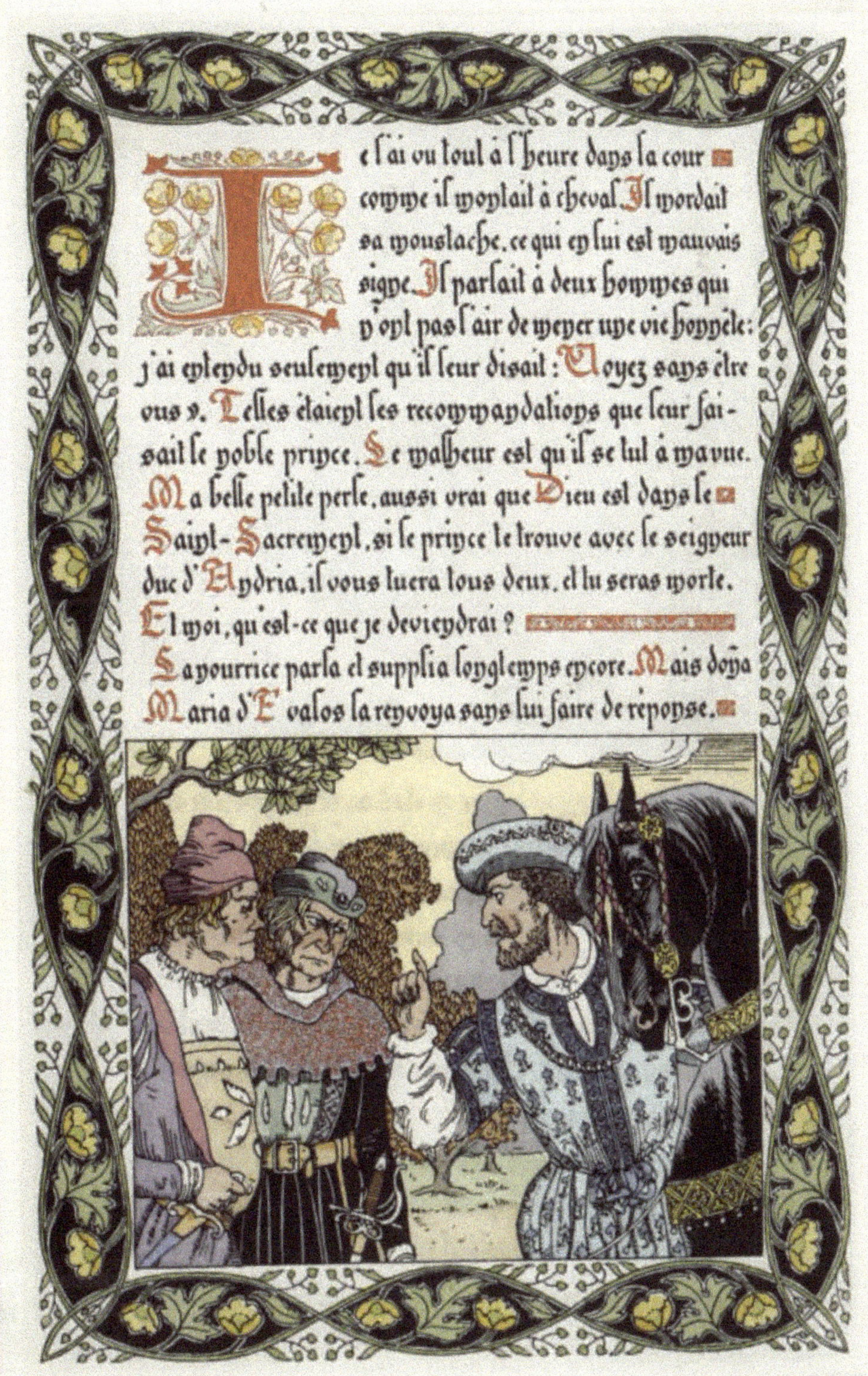
Je l'ai vu tout à l'heure dans la cour comme il montait à cheval. Il mordait sa moustache, ce qui en lui est mauvais signe. Il parlait à deux hommes qui n'ont pas l'air de mener une vie honnête : j'ai entendu seulement qu'il leur disait : Voyez sans être vus. Telles étaient les recommandations que leur faisait le noble prince. Le malheur est qu'il se tut à ma vue. Ma belle petite perle, aussi vrai que Dieu est dans le Saint-Sacrement, si le prince te trouve avec le seigneur duc d'Andria, il vous tuera tous deux, et tu seras morte. Et moi, qu'est-ce que je deviendrai ?

La nourrice parla et supplia longtemps encore. Mais doña Maria d'Avalos la renvoya sans lui faire de réponse.

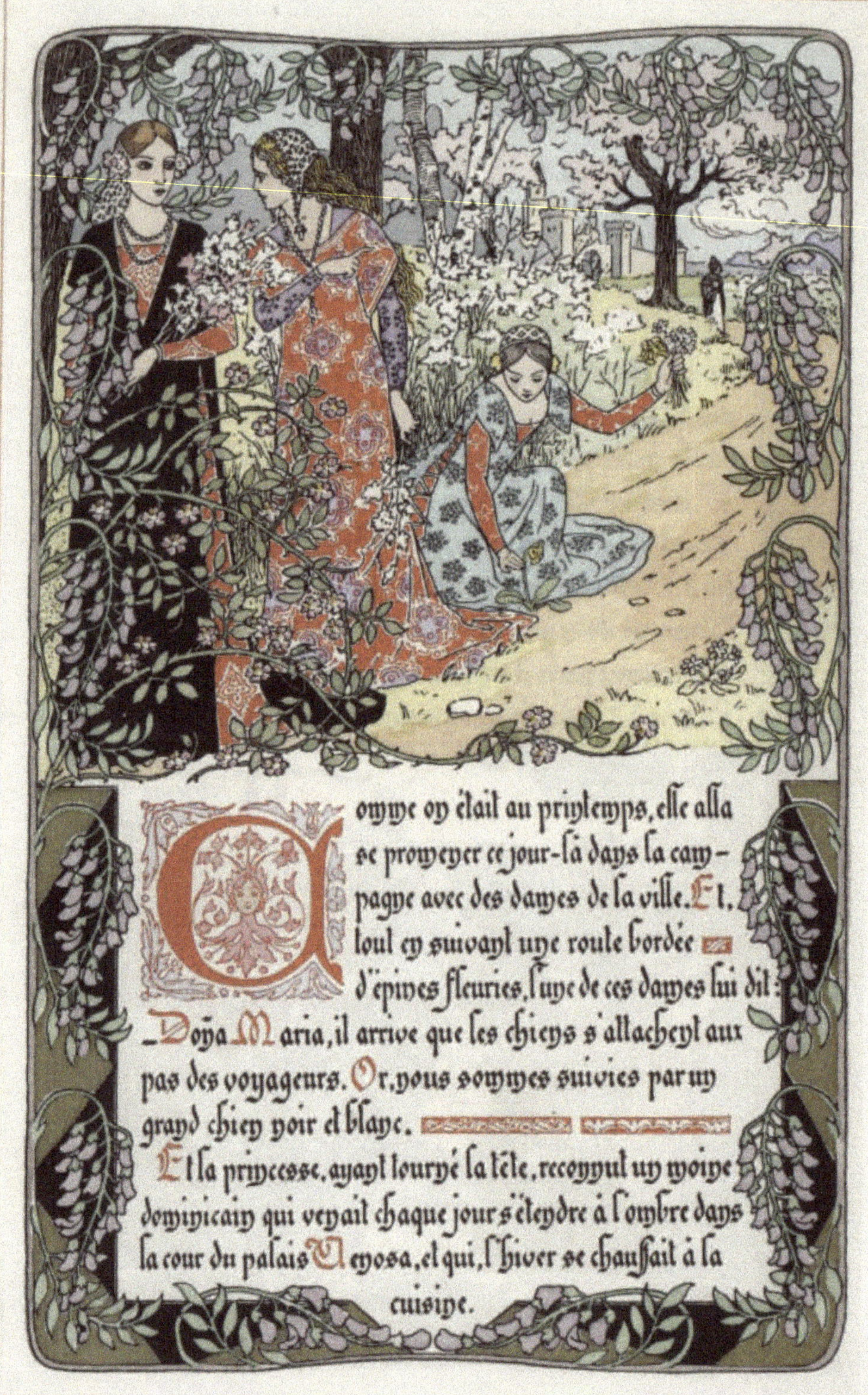

Comme on était au printemps, elle alla se promener ce jour-là dans la campagne avec des dames de la ville. Et, tout en suivant une route bordée d'épines fleuries, l'une de ces dames lui dit :

— Doña Maria, il arrive que les chiens s'attachent aux pas des voyageurs. Or, nous sommes suivies par un grand chien noir et blanc.

Et la princesse, ayant tourné la tête, reconnut un moine dominicain qui venait chaque jour s'étendre à l'ombre dans la cour du palais Venosa, et qui, l'hiver se chauffait à la cuisine.

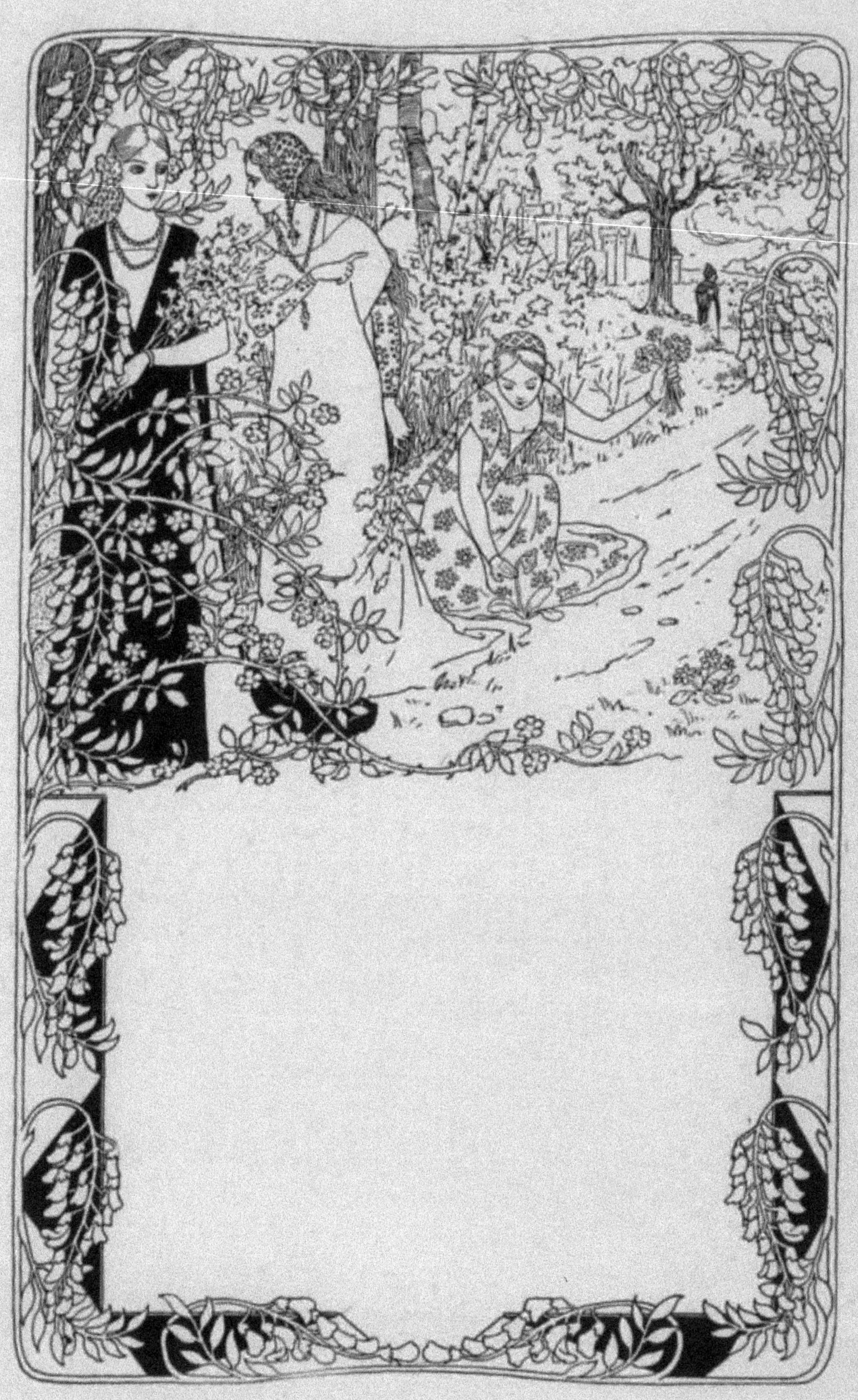

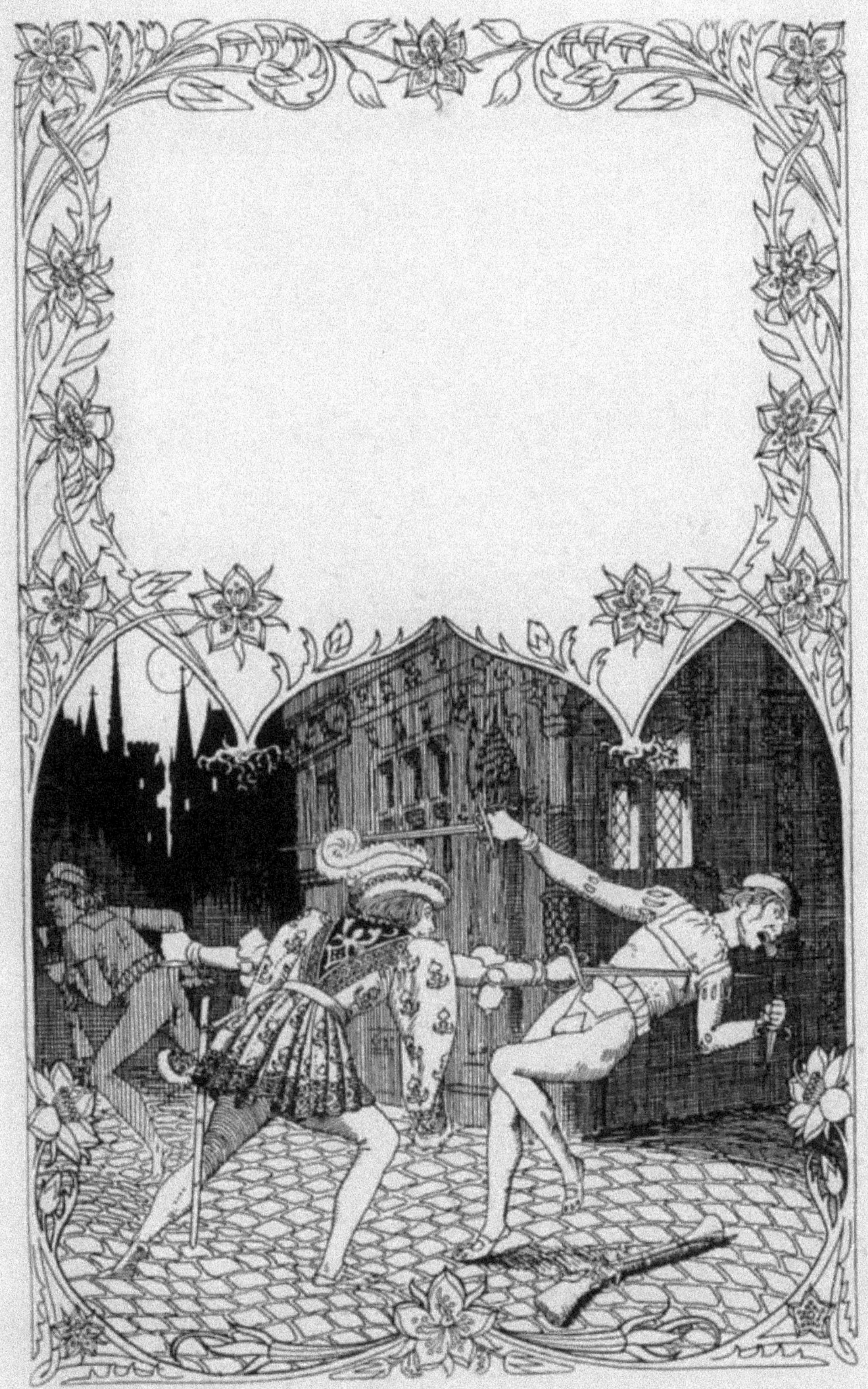

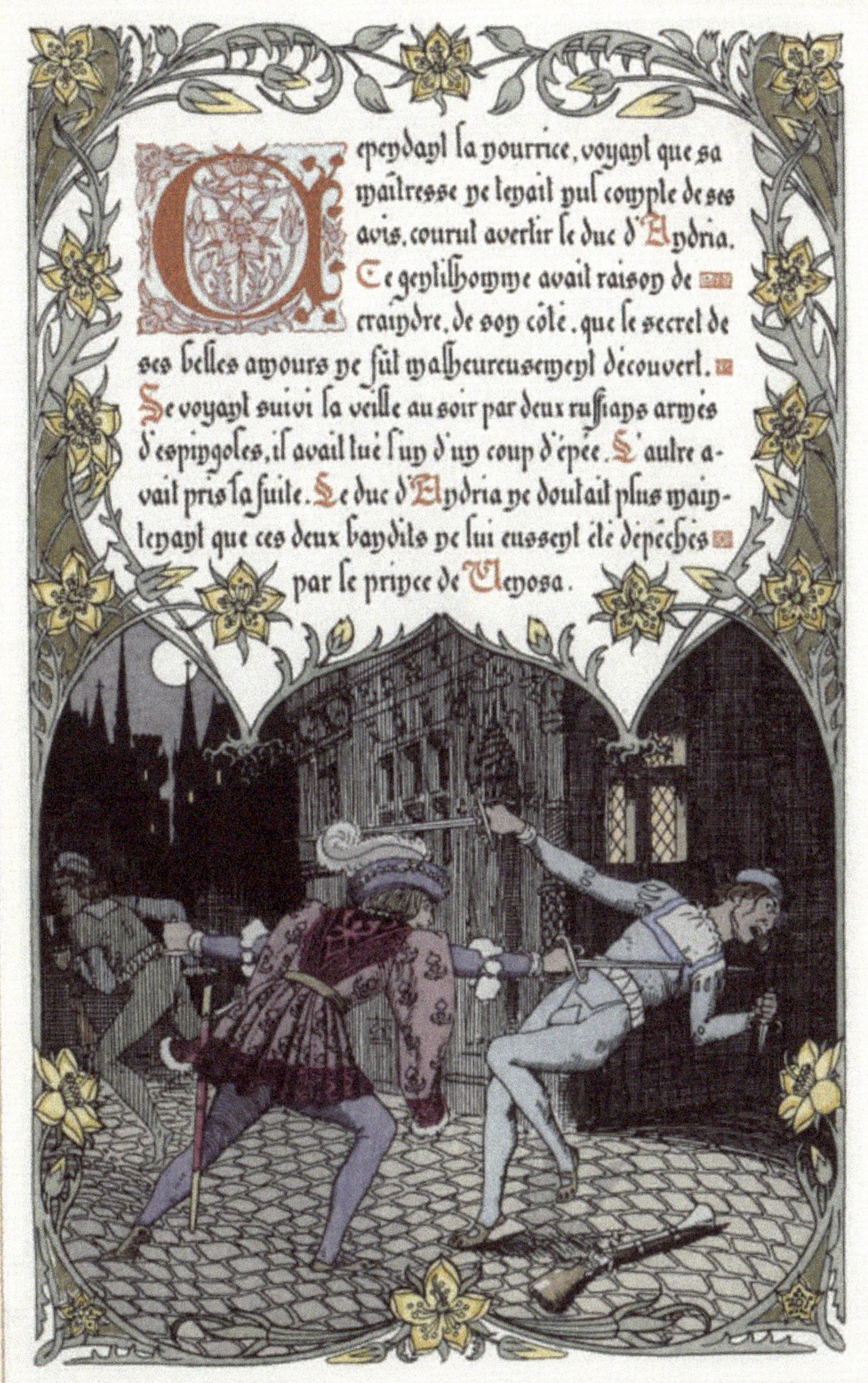

Cependant la nourrice, voyant que sa maîtresse ne tenait nul compte de ses avis, courut avertir le duc d'Andria. Ce gentilhomme avait raison de craindre, de son côté, que le secret de ses belles amours ne fût malheureusement découvert. Se voyant suivi la veille au soir par deux ruffians armés d'espingoles, il avait tué l'un d'un coup d'épée. L'autre avait pris la fuite. Le duc d'Andria ne doutait plus maintenant que ces deux bandits ne lui eussent été dépêchés par le prince de Venosa.

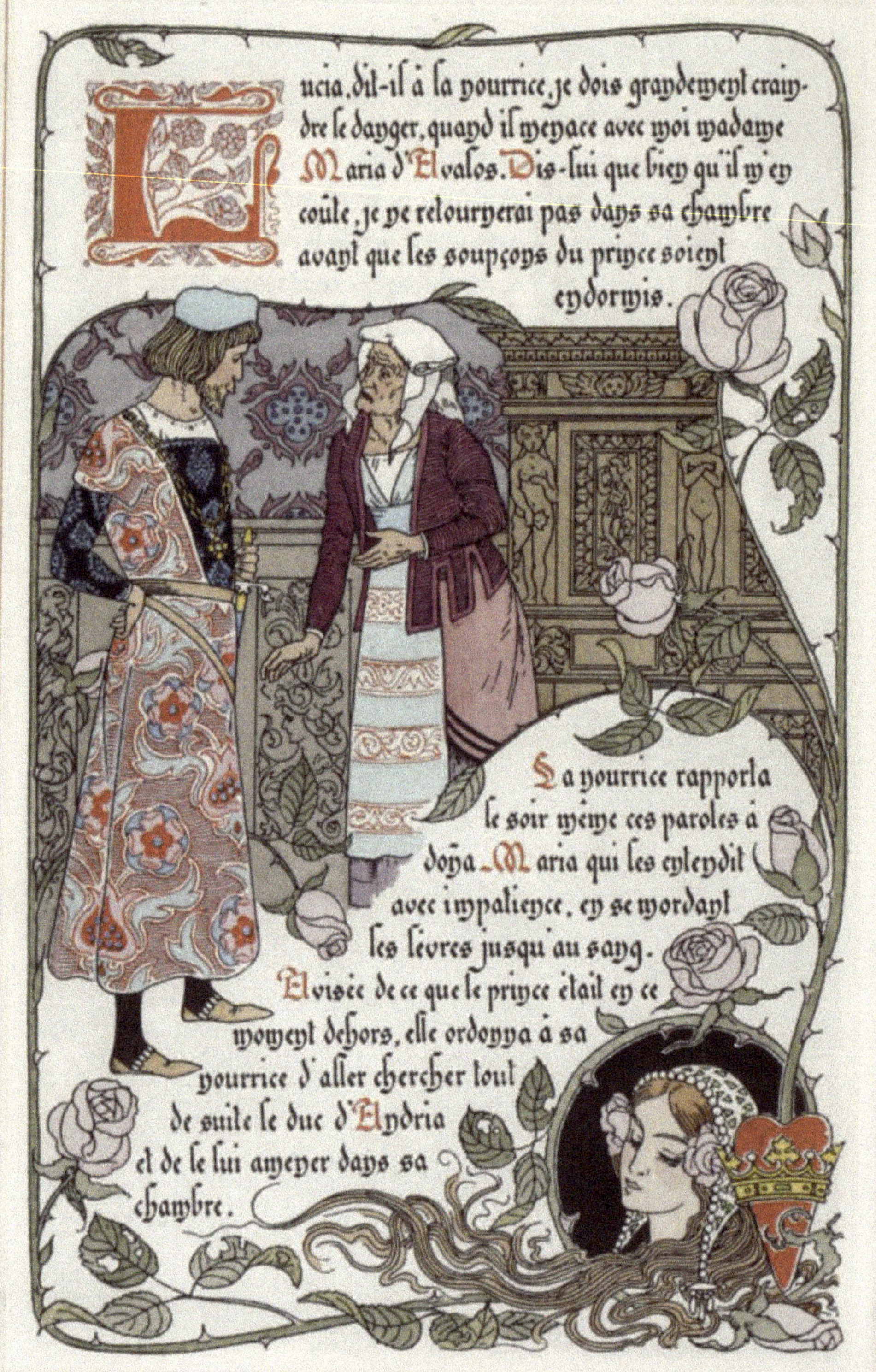

Lucia, dit-il à la nourrice, je dois grandement craindre le danger, quand il menace avec moi madame Maria d'Avalos. Dis-lui que bien qu'il m'en coûte, je ne retournerai pas dans sa chambre avant que les soupçons du prince soient endormis.

La nourrice rapporta le soir même ces paroles à doña Maria qui les entendit avec impatience, en se mordant les lèvres jusqu'au sang. Avisée de ce que le prince était en ce moment dehors, elle ordonna à sa nourrice d'aller chercher tout de suite le duc d'Andria et de le lui amener dans sa chambre.

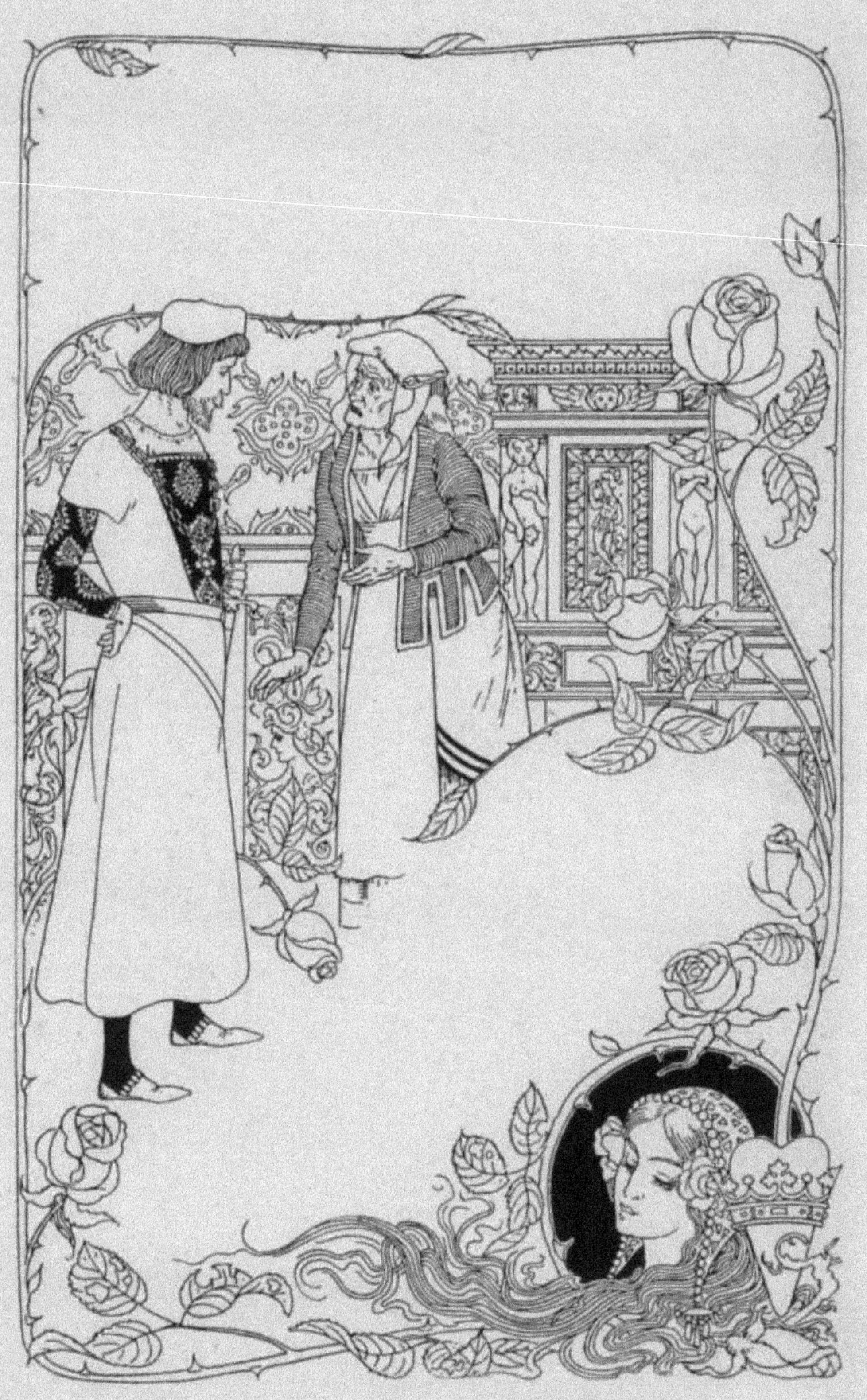

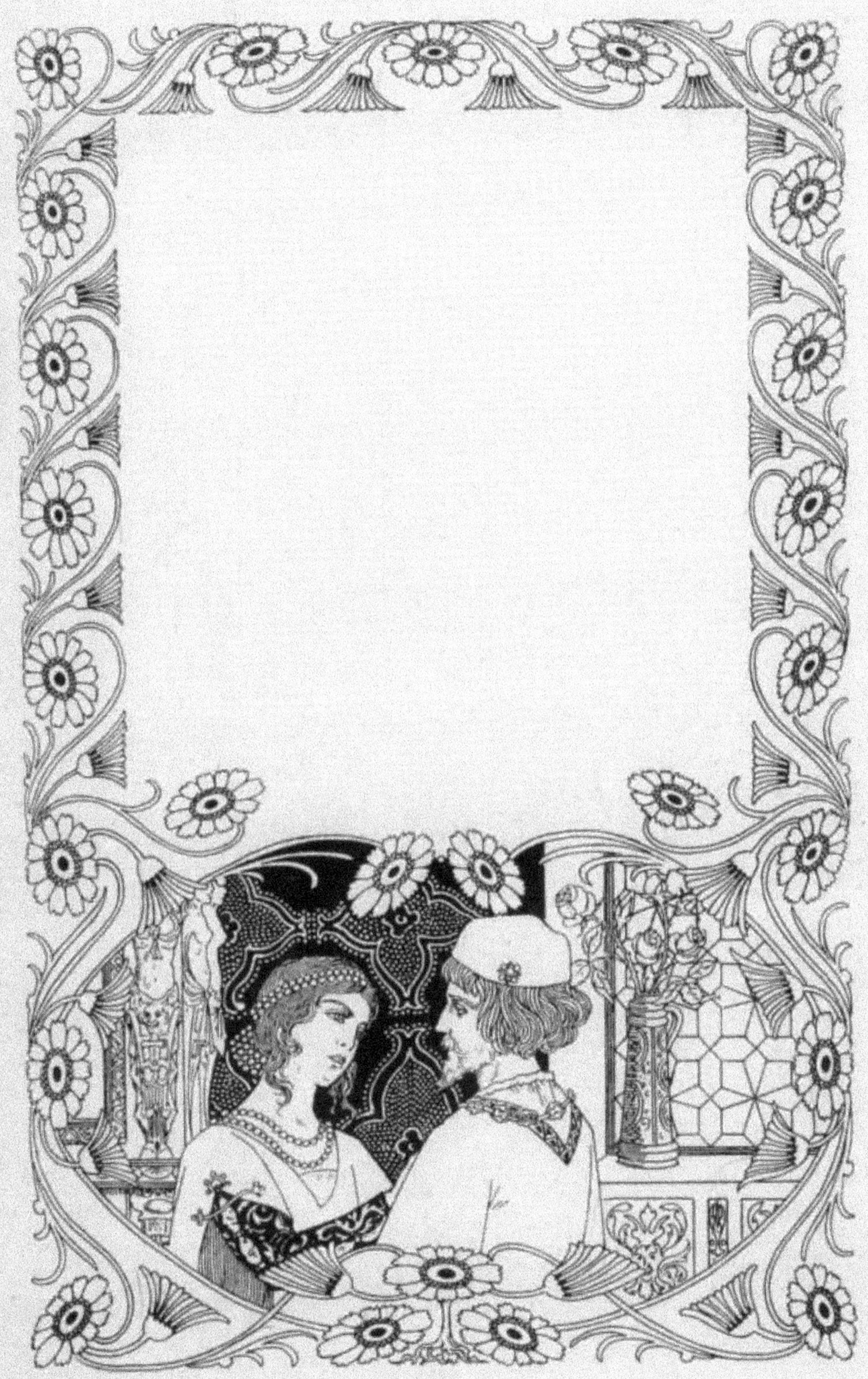

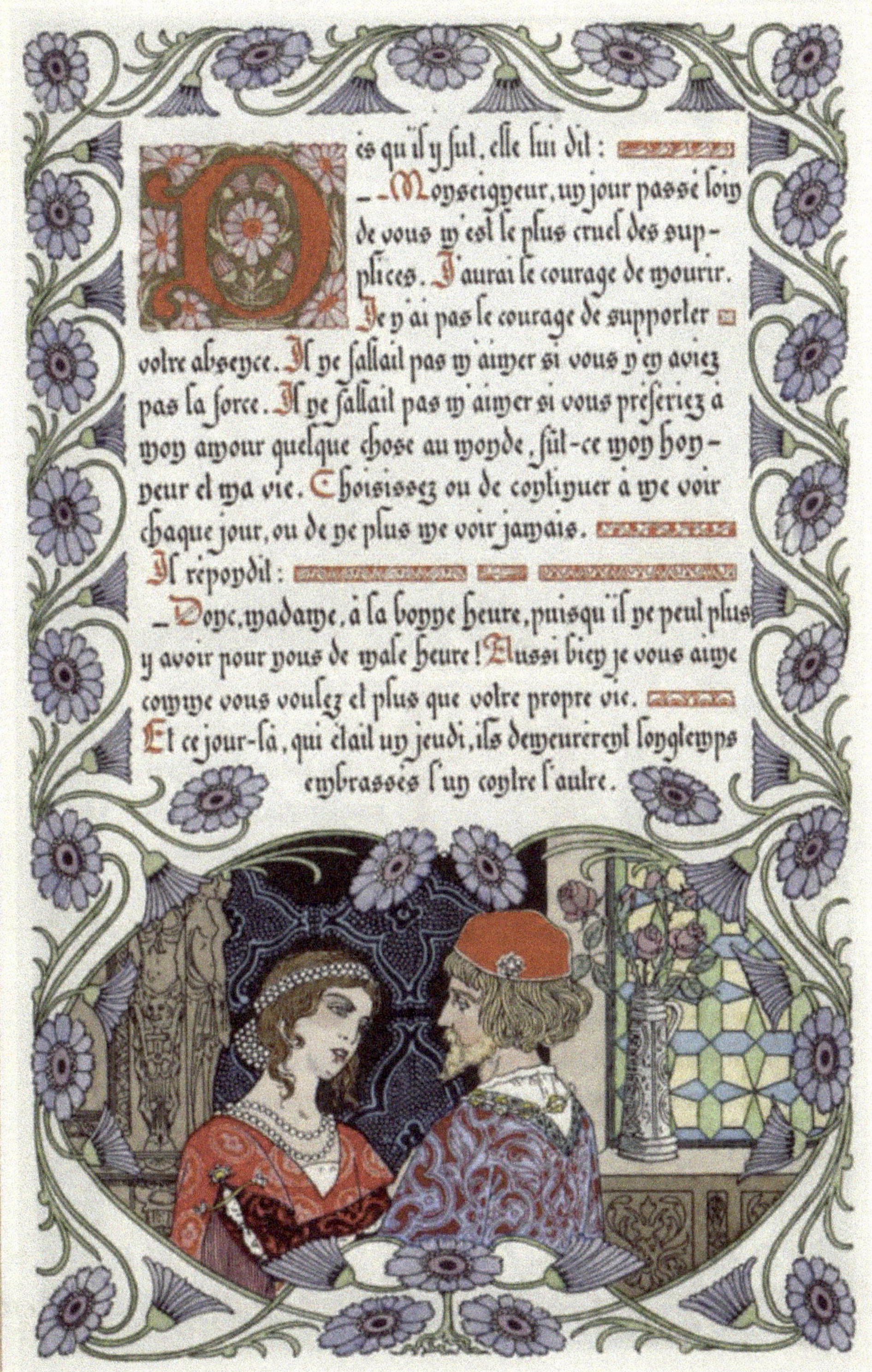

Dès qu'il y fut, elle lui dit :

— Monseigneur, un jour passé loin de vous m'est le plus cruel des supplices. J'aurai le courage de mourir. Je n'ai pas le courage de supporter votre absence. Il ne fallait pas m'aimer si vous n'en aviez pas la force. Il ne fallait pas m'aimer si vous préferiez à mon amour quelque chose au monde, fût-ce mon honneur et ma vie. Choisissez ou de continuer à me voir chaque jour, ou de ne plus me voir jamais.

Il répondit :

— Donc, madame, à la bonne heure, puisqu'il ne peut plus y avoir pour nous de male heure ! Aussi bien je vous aime comme vous voulez et plus que votre propre vie.

Et ce jour-là, qui était un jeudi, ils demeurèrent longtemps embrassés l'un contre l'autre.

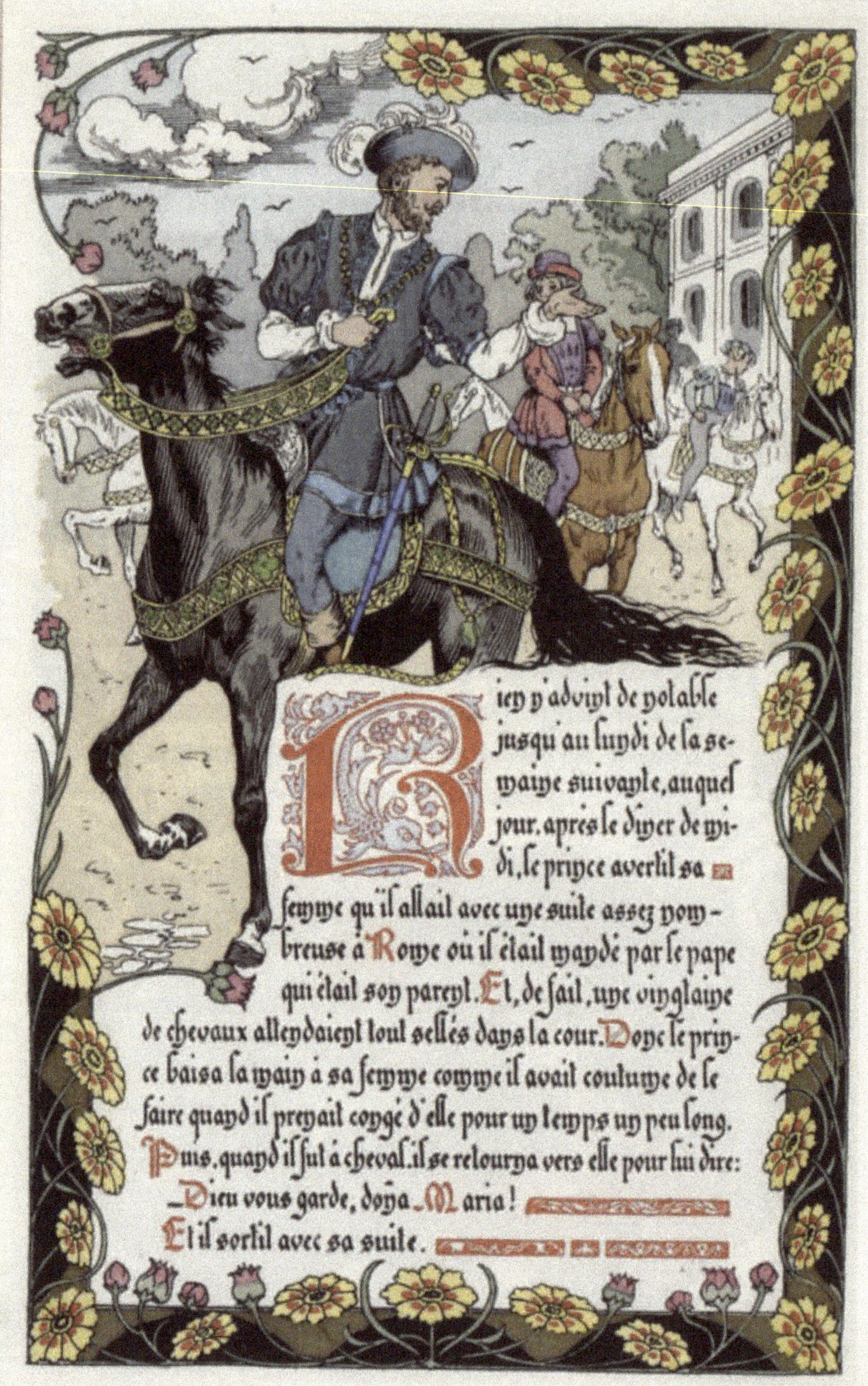

Rien n'advint de notable jusqu'au lundi de la semaine suivante, auquel jour, après le dîner de midi, le prince avertit sa femme qu'il allait avec une suite assez nombreuse à Rome où il était mandé par le pape qui était son parent. Et, de fait, une vingtaine de chevaux attendaient tout sellés dans la cour. Donc le prince baisa la main à sa femme comme il avait coutume de le faire quand il prenait congé d'elle pour un temps un peu long. Puis, quand il fut à cheval, il se retourna vers elle pour lui dire:

— Dieu vous garde, doña Maria!

Et il sortit avec sa suite.

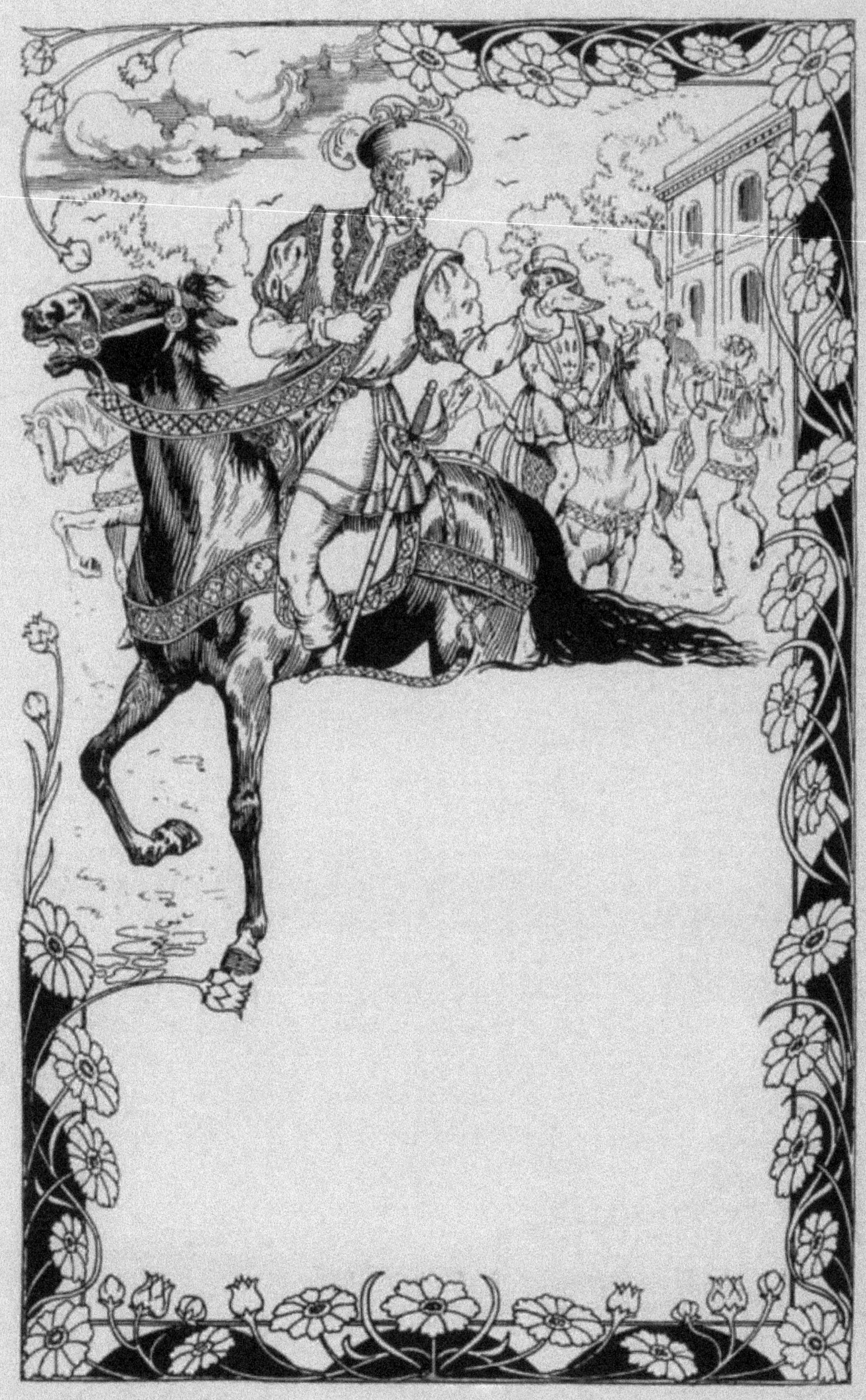

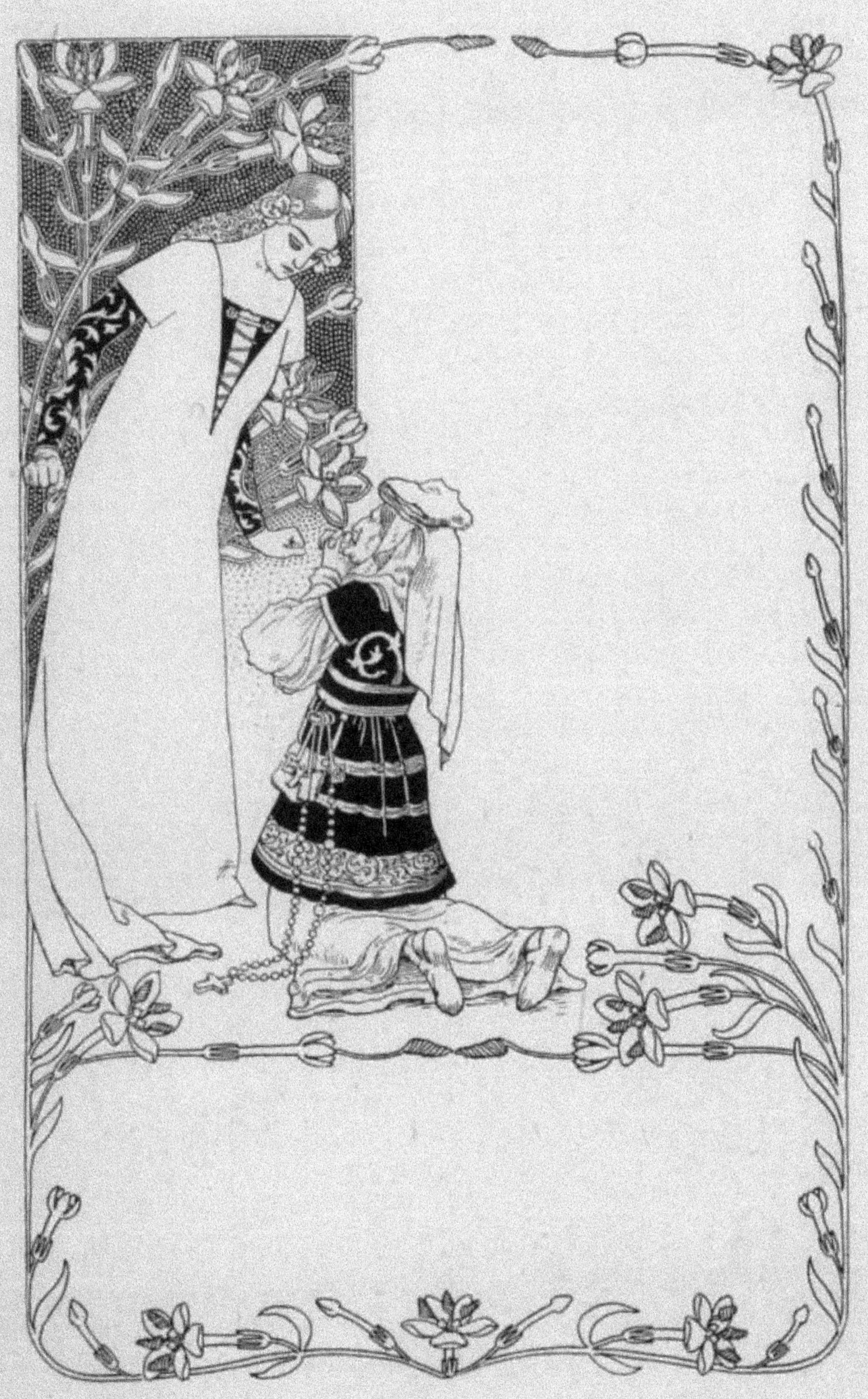

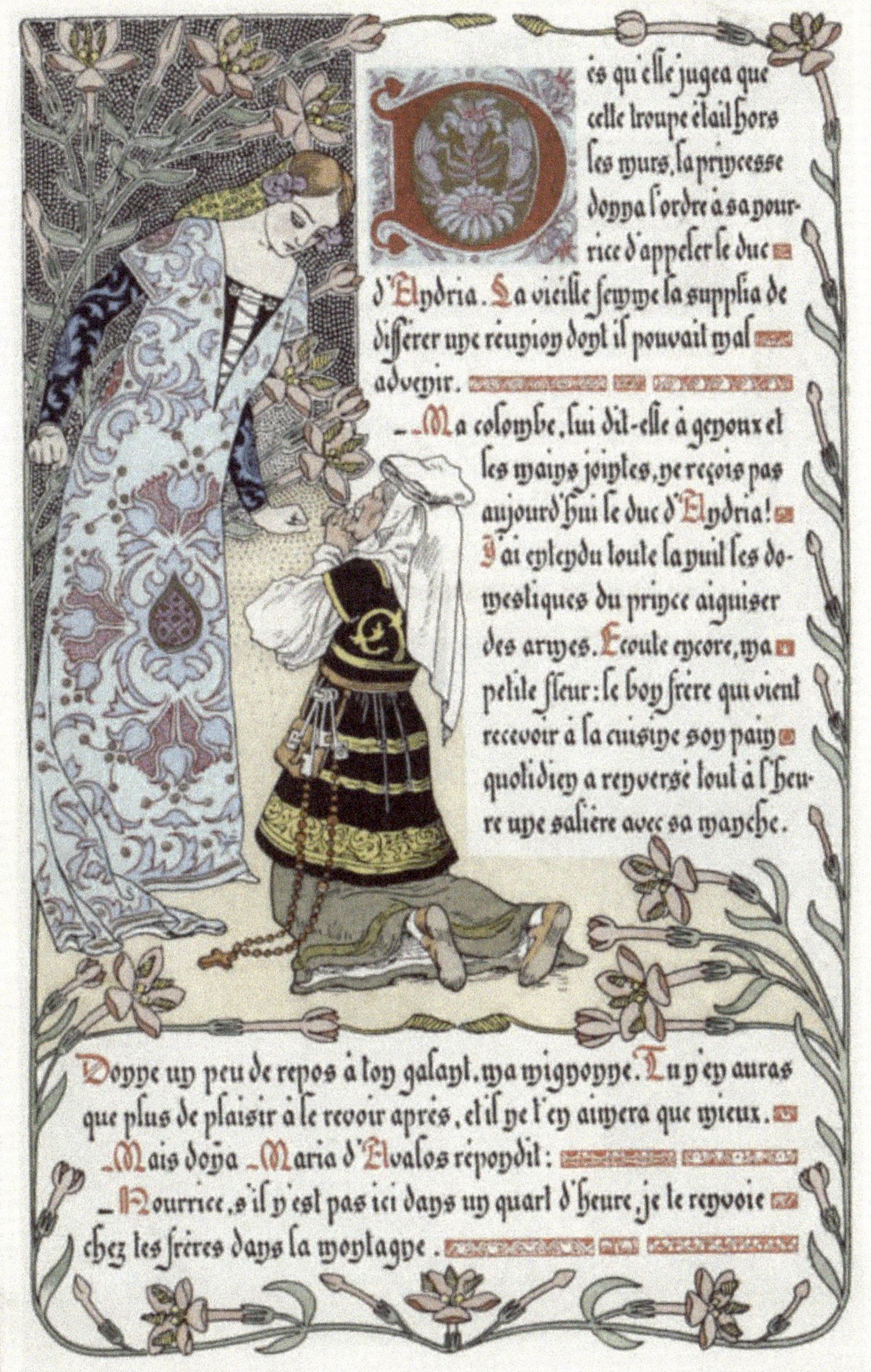

Dès qu'elle jugea que cette troupe était hors les murs, la princesse donna l'ordre à sa nourrice d'appeler le duc d'Andria. La vieille femme la supplia de différer une réunion dont il pouvait mal advenir.

— Ma colombe, lui dit-elle à genoux et les mains jointes, ne reçois pas aujourd'hui le duc d'Andria! J'ai entendu toute la nuit les domestiques du prince aiguiser des armes. Ecoute encore, ma petite fleur: le bon frère qui vient recevoir à la cuisine son pain quotidien a renversé tout à l'heure une salière avec sa manche.

Donne un peu de repos à ton galant, ma mignonne. Tu n'en auras que plus de plaisir à le revoir après, et il ne t'en aimera que mieux.

— Mais doña Maria d'Avalos répondit :

— Nourrice, s'il n'est pas ici dans un quart d'heure, je le renvoie chez tes frères dans la montagne.

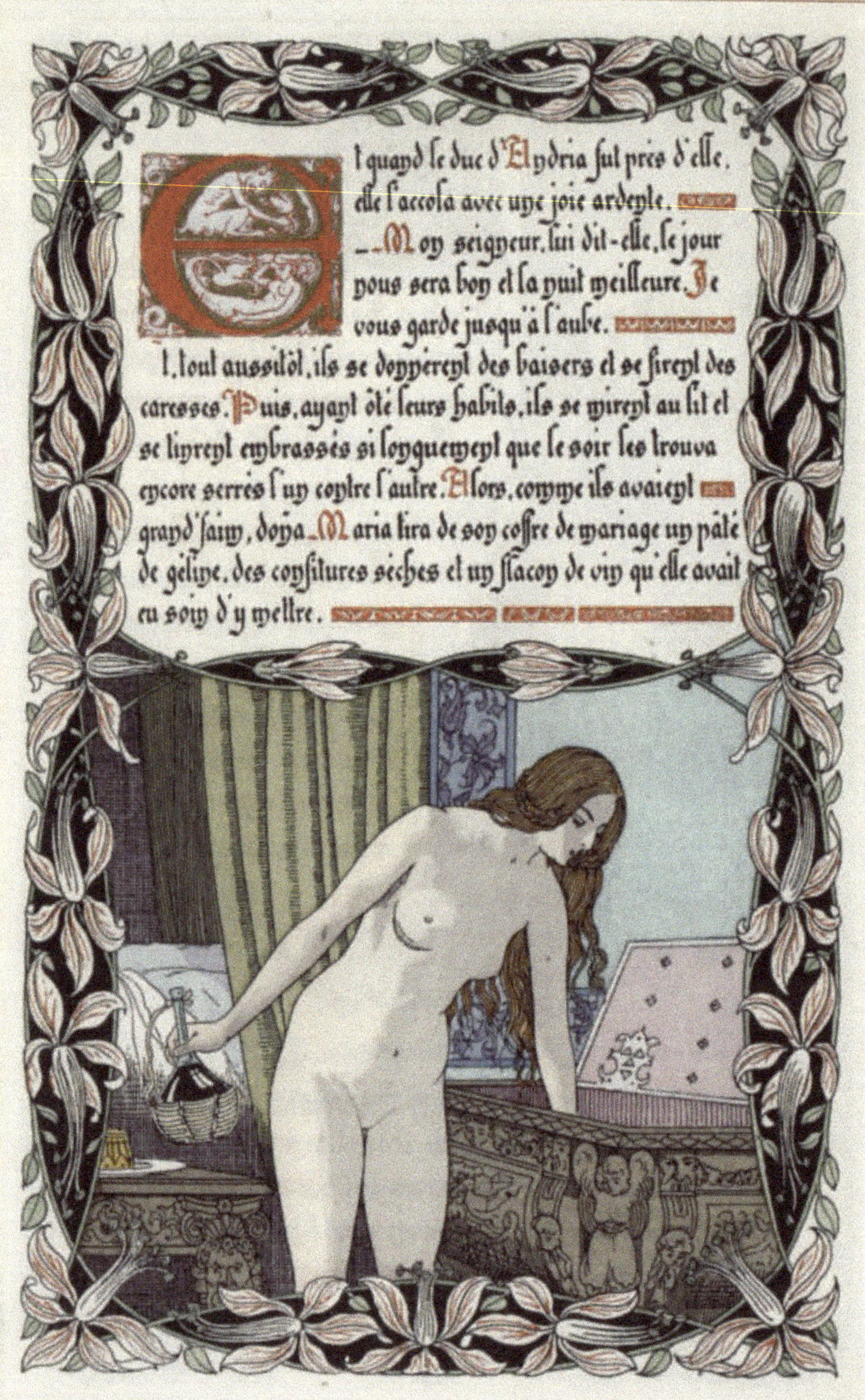

Et quand le duc d'Andria fut près d'elle, elle l'accola avec une joie ardente.

— Mon seigneur, lui dit-elle, le jour vous sera bon et la nuit meilleure. Je vous garde jusqu'à l'aube.

t, tout aussitôt, ils se donnèrent des baisers et se firent des caresses. Puis, ayant ôté leurs habits, ils se mirent au lit et se livrent embrassés si longuement que le soir les trouva encore serrés l'un contre l'autre. Alors, comme ils avaient grand'faim, doña Maria tira de son coffre de mariage un pâté de géline, des confitures sèches et un flacon de vin qu'elle avait eu soin d'y mettre.

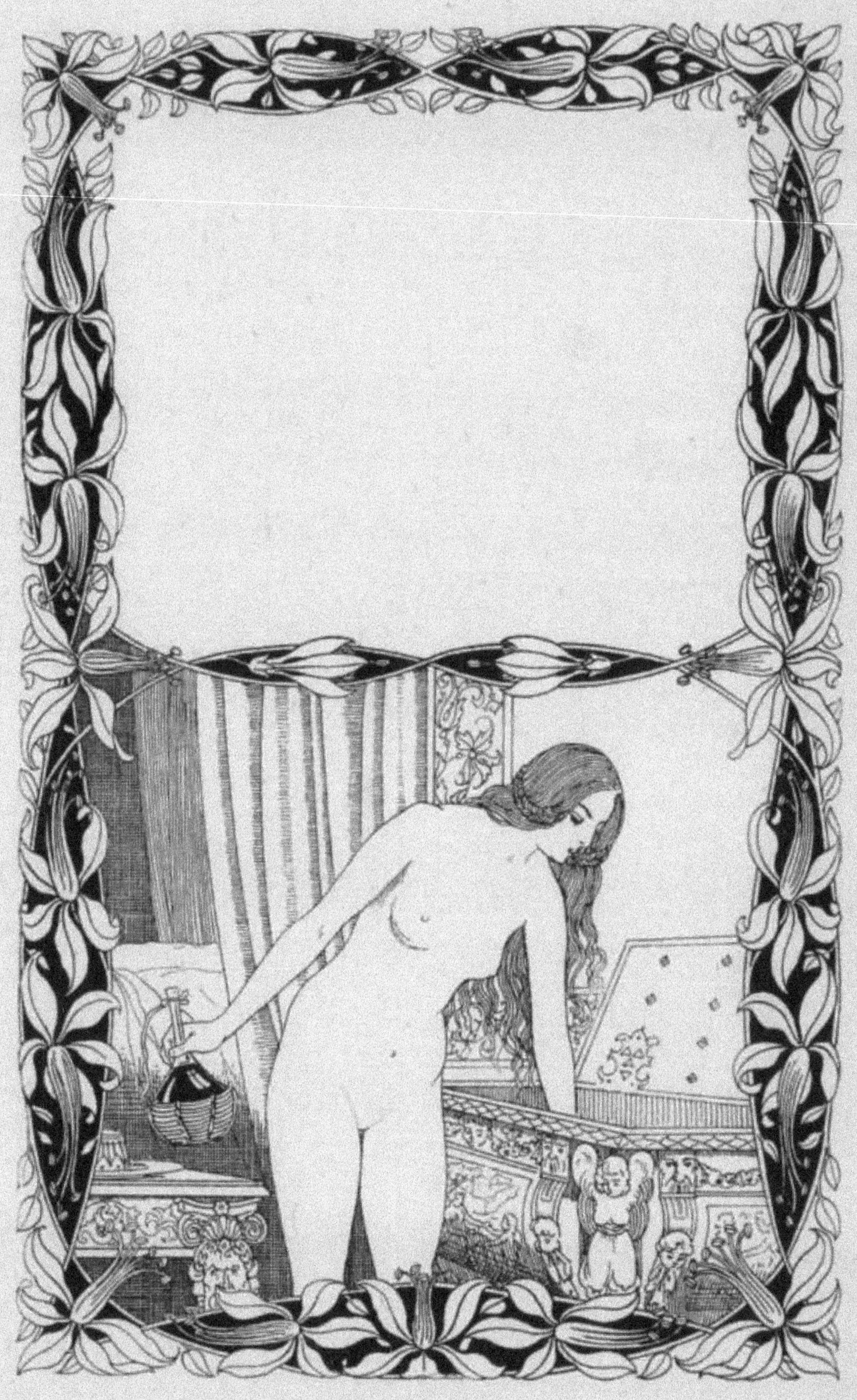

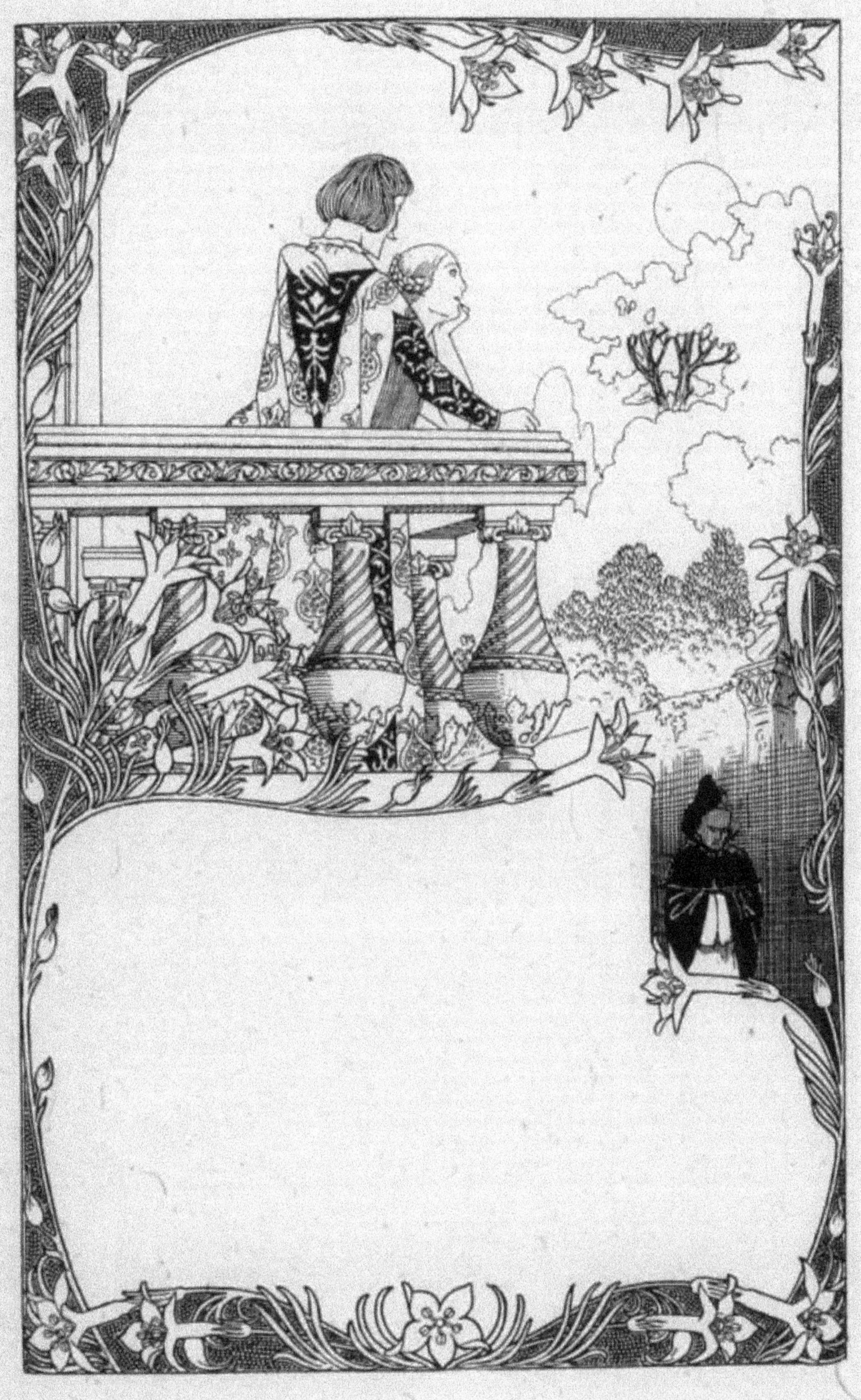

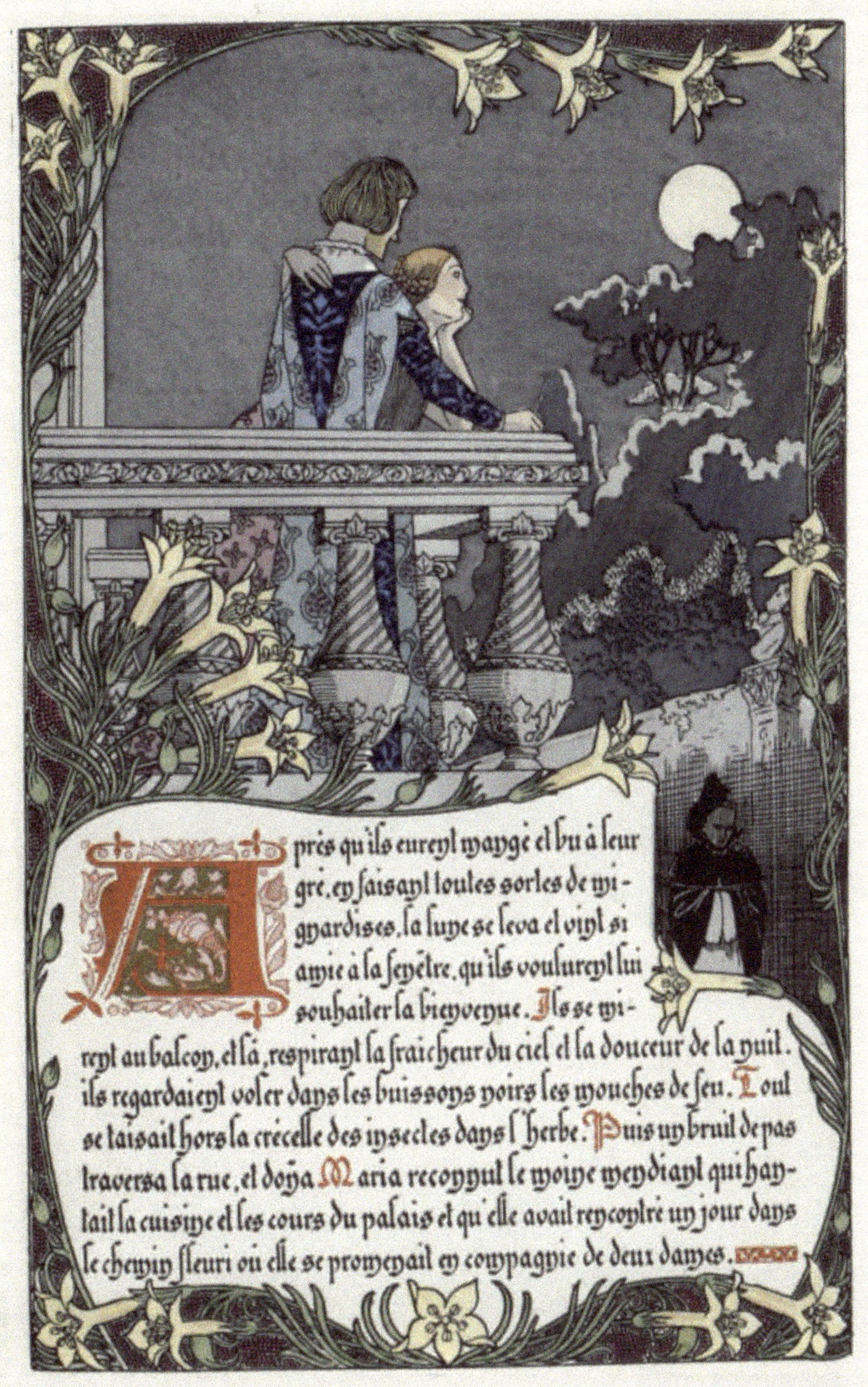

Après qu'ils eurent mangé et bu à leur gré, en faisant toutes sortes de mignardises, la lune se leva et vint si amie à la fenêtre, qu'ils voulurent lui souhaiter la bienvenue. Ils se mirent au balcon, et là, respirant la fraicheur du ciel et la douceur de la nuit. ils regardaient voler dans les buissons noirs les mouches de feu. Tout se taisait hors la crécelle des insectes dans l'herbe. Puis un bruit de pas traversa la rue, et doña Maria reconnut le moine mendiant qui hantait la cuisine et les cours du palais et qu'elle avait rencontré un jour dans le chemin fleuri où elle se promenait en compagnie de deux dames.

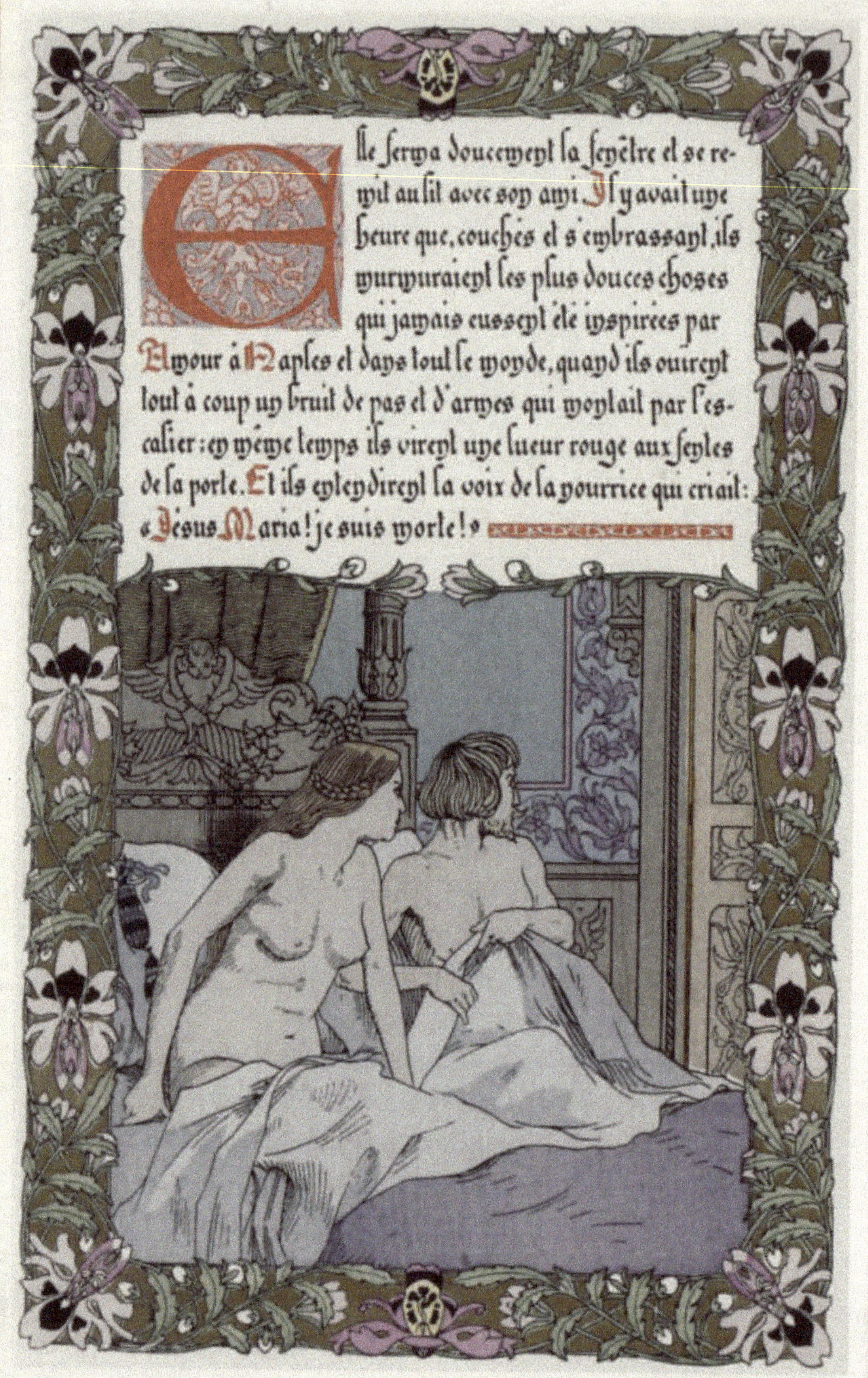

Elle ferma doucement la fenêtre et se revint au lit avec son ami. Il y avait une heure que, couchés et s'embrassant, ils murmuraient les plus douces choses qui jamais eussent été inspirées par Amour à Naples et dans tout le monde, quand ils ouïrent tout à coup un bruit de pas et d'armes qui montait par l'escalier : en même temps ils virent une lueur rouge aux fentes de la porte. Et ils entendirent la voix de la nourrice qui criait : « Jésus Maria ! je suis morte ! »

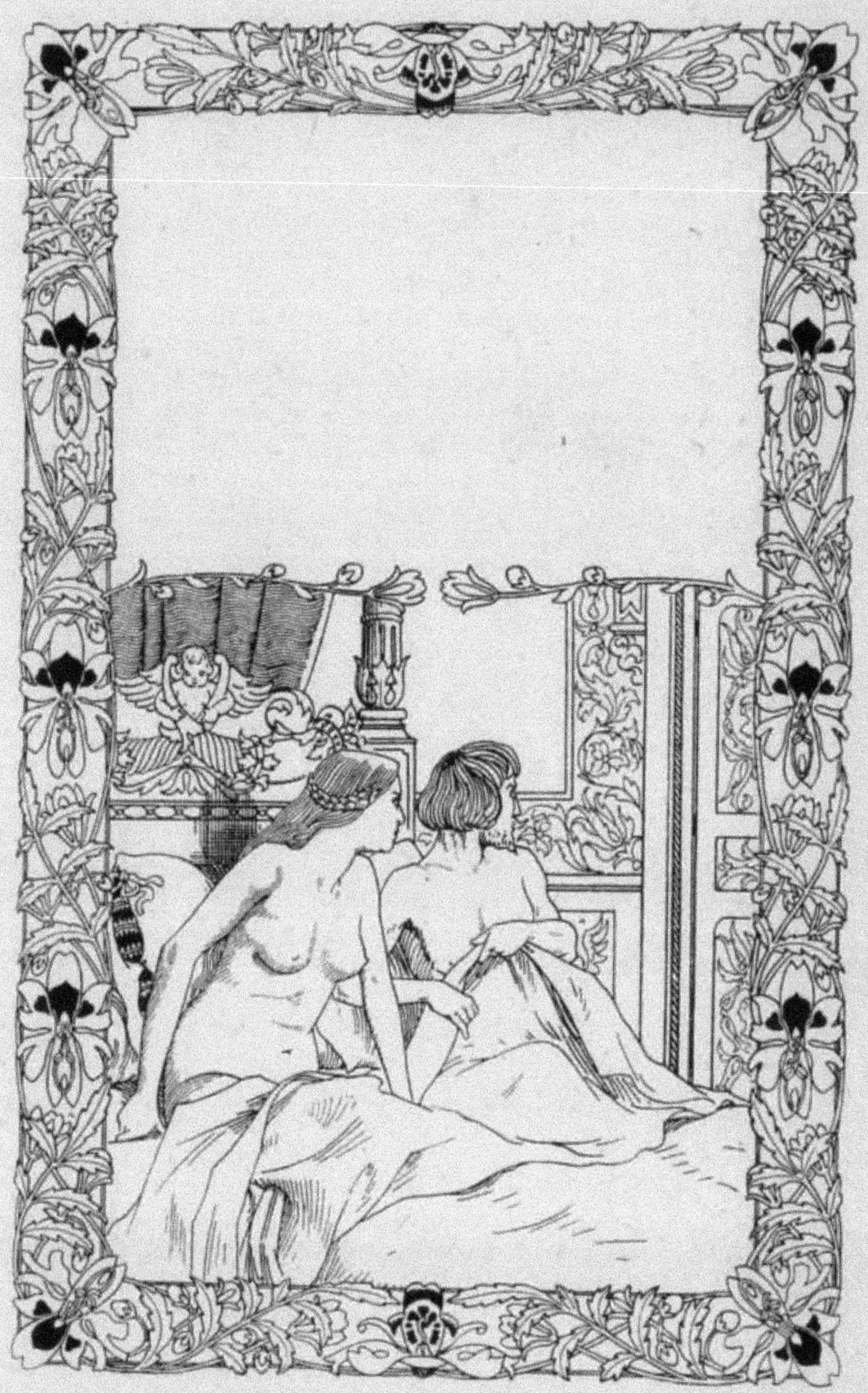

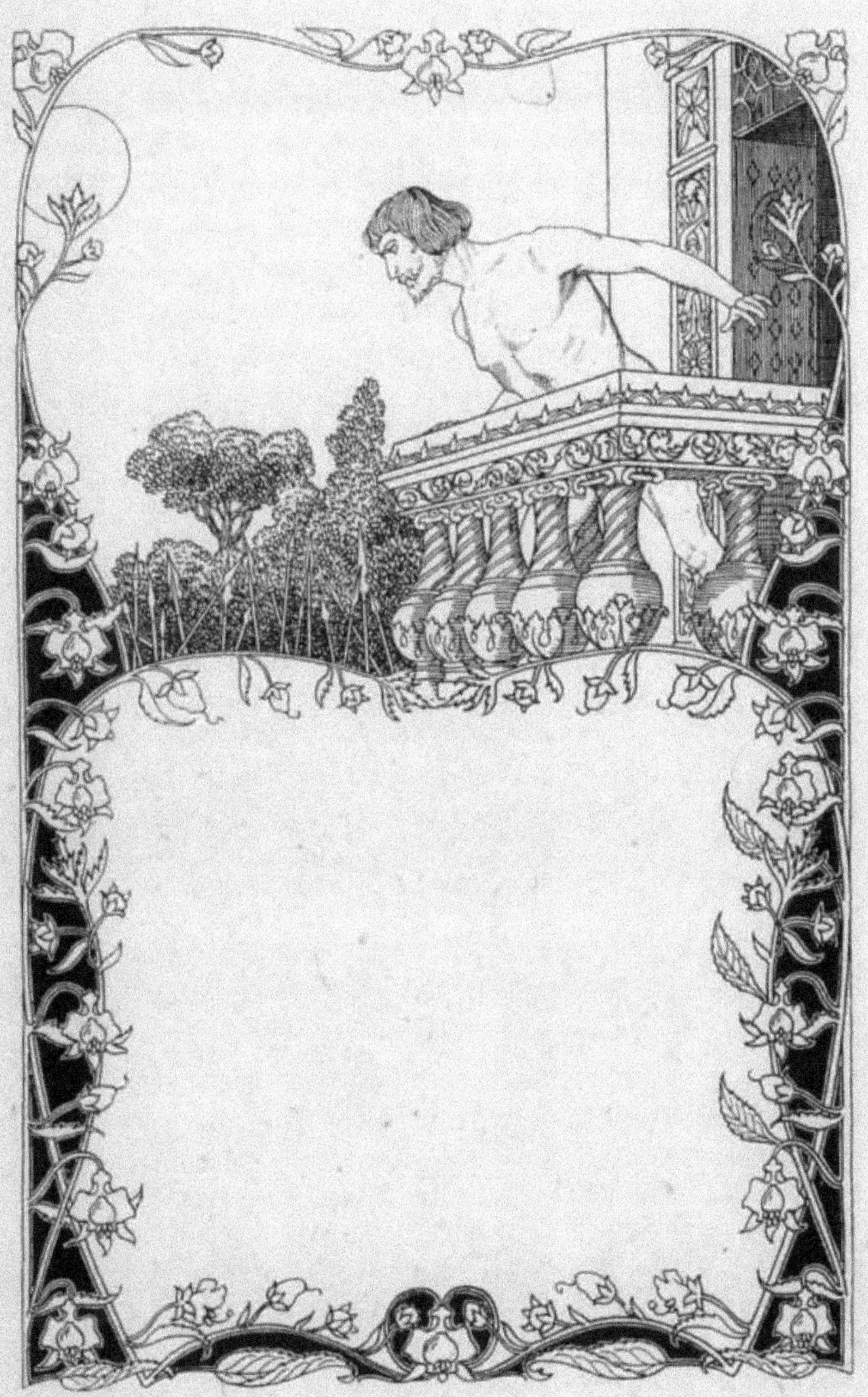

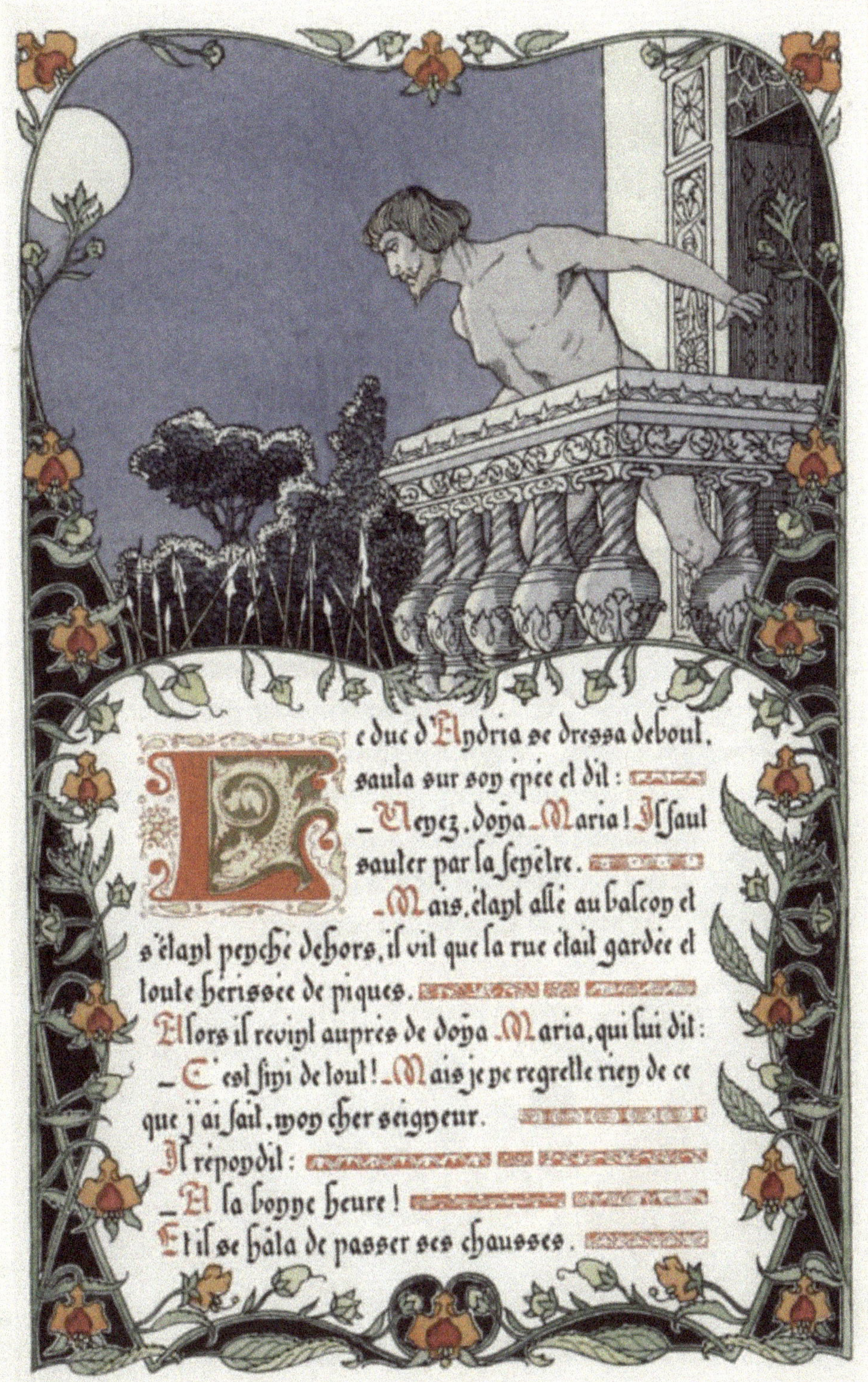

Le duc d'Andria se dressa debout, sauta sur son épée et dit :

— Venez, doña Maria ! Il faut sauter par la fenêtre.

Mais, étant allé au balcon et s'étant penché dehors, il vit que la rue était gardée et toute hérissée de piques.

Alors il revint auprès de doña Maria, qui lui dit :

— C'est fini de tout ! Mais je ne regrette rien de ce que j'ai fait, mon cher seigneur.

Il répondit :

— A la bonne heure !

Et il se hâta de passer ses chausses.

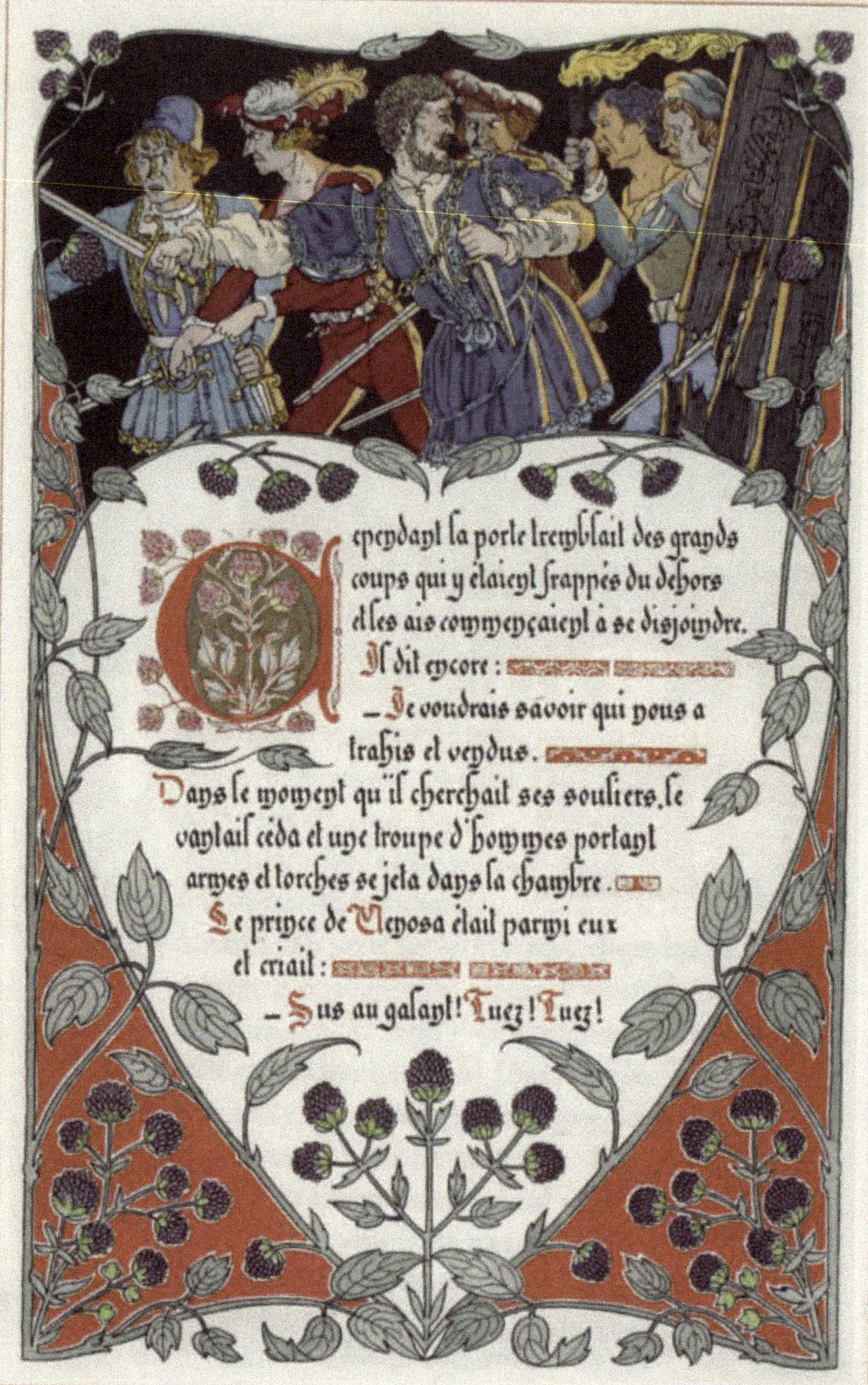

Cependant la porte tremblait des grands coups qui y étaient frappés du dehors et les ais commençaient à se disjoindre.

Il dit encore :

— Je voudrais savoir qui nous a trahis et vendus.

Dans le moment qu'il cherchait ses souliers, le vantail céda et une troupe d'hommes portant armes et torches se jeta dans la chambre.

Le prince de Venosa était parmi eux et criait :

— Sus au galant ! Tuez ! Tuez !

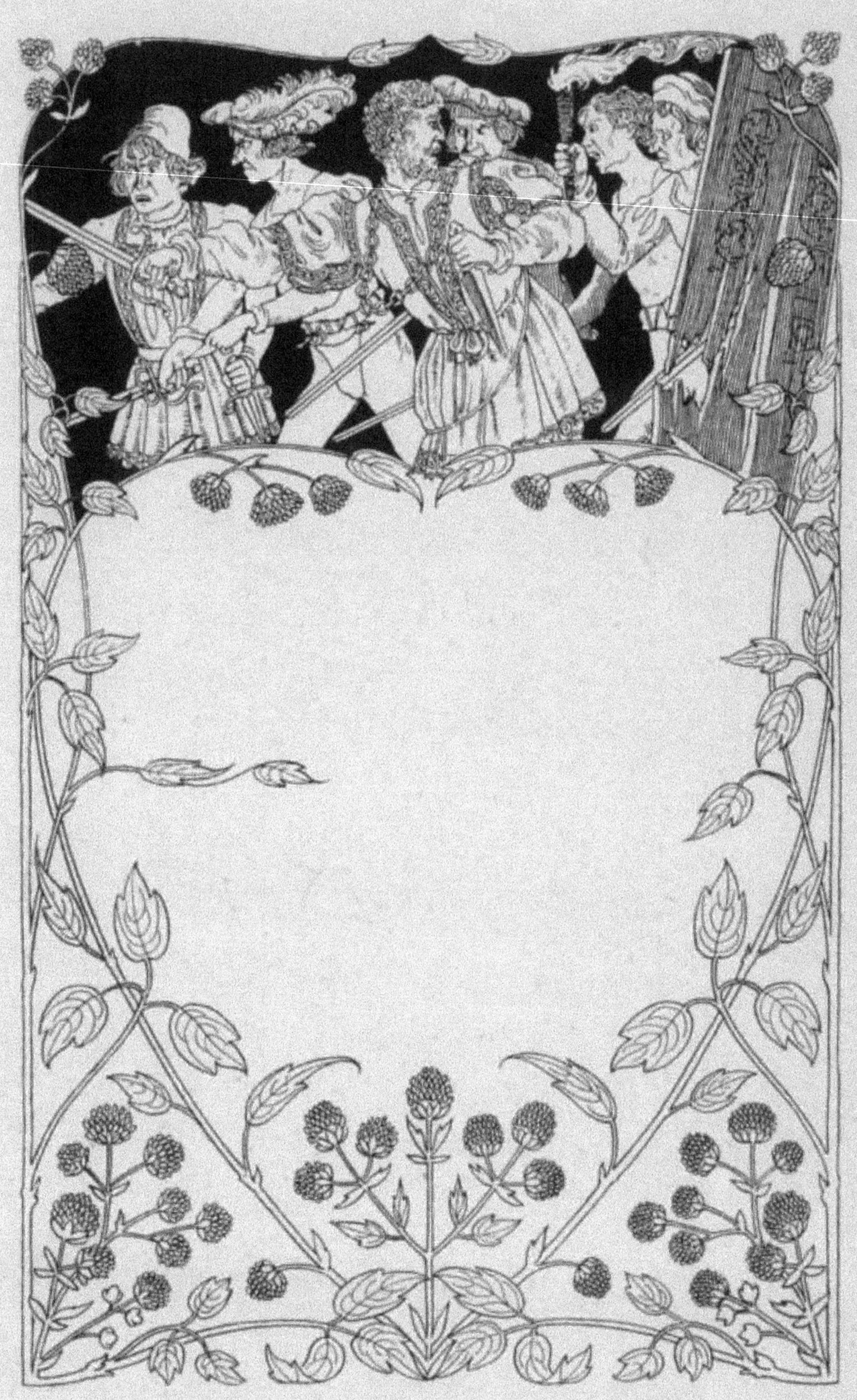

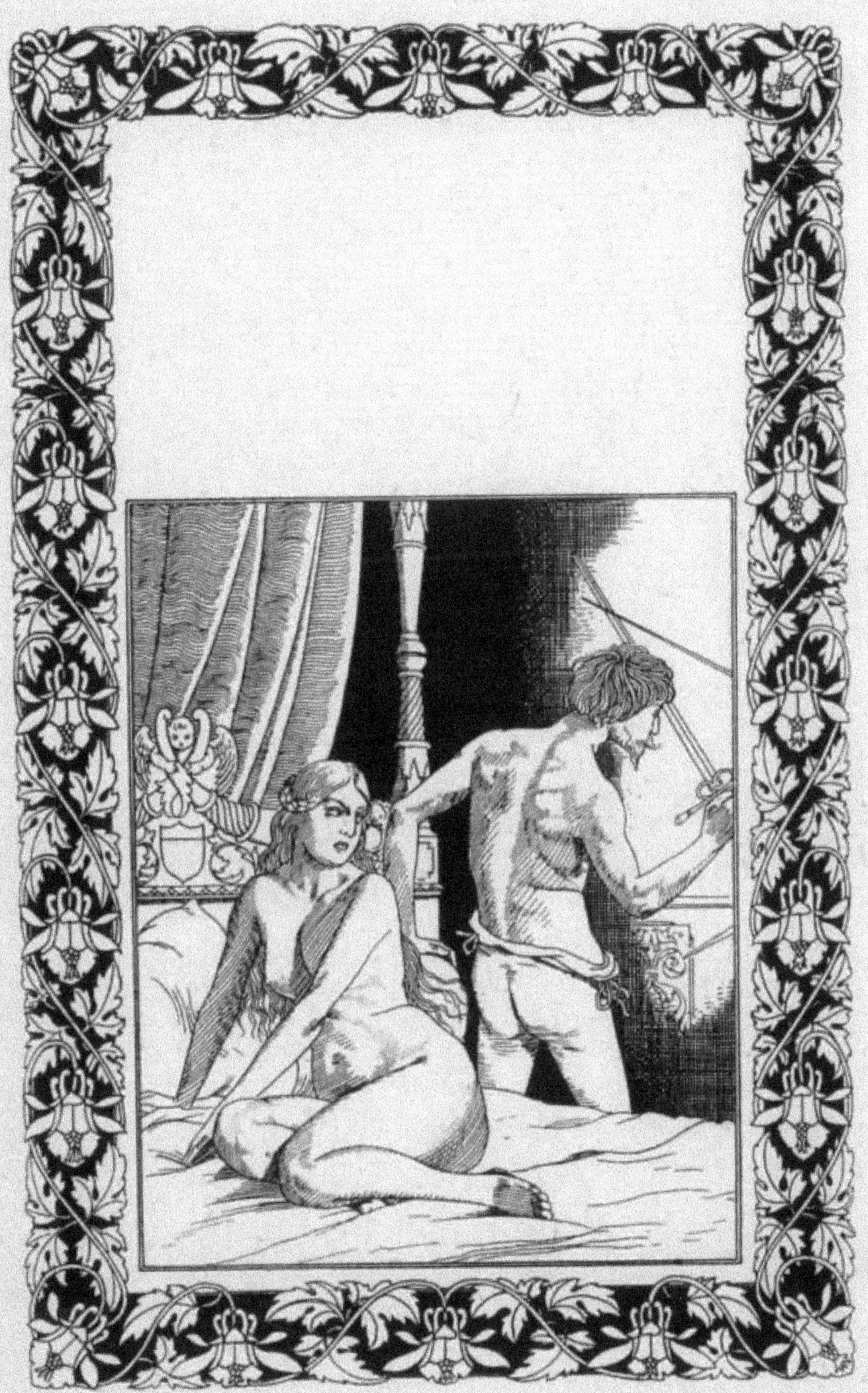

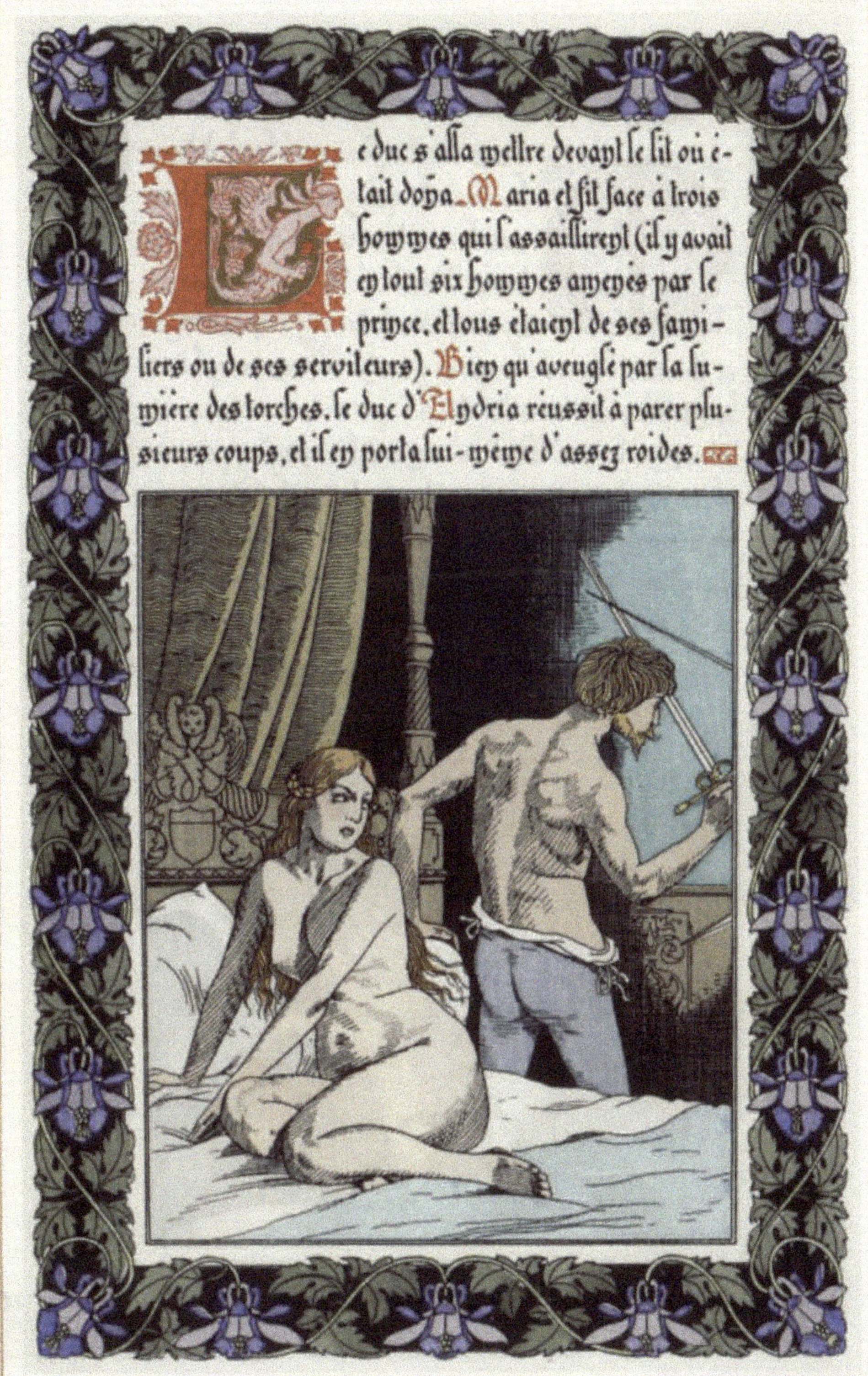

Le duc s'alla mettre devant le lit où était doña Maria et fit face à trois hommes qui l'assaillirent (il y avait en tout six hommes amenés par le prince, et tous étaient de ses familiers ou de ses serviteurs). Bien qu'aveuglé par la lumière des torches, le duc d'Andria réussit à parer plusieurs coups, et il en porta lui-même d'assez roides.

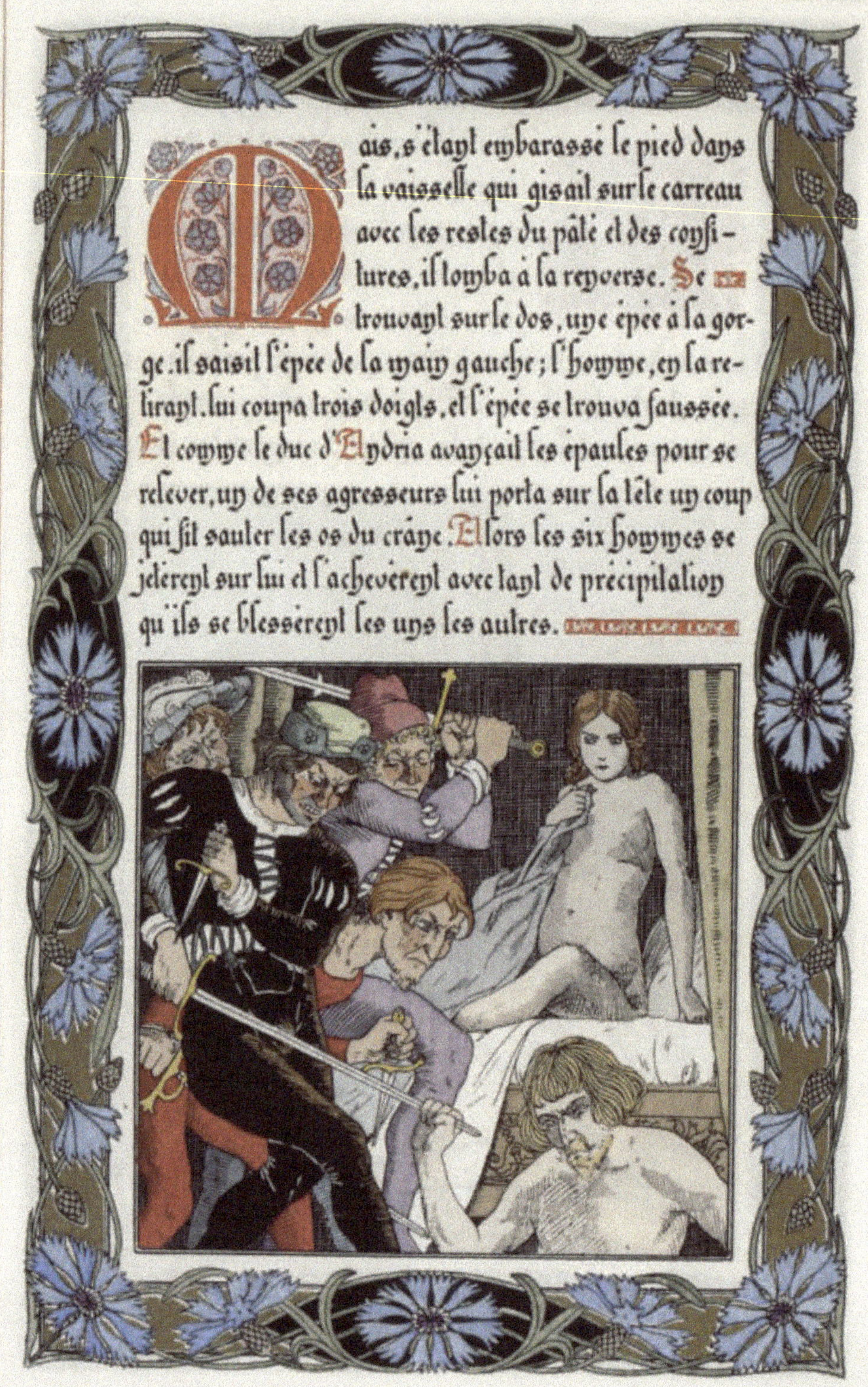

Mais, s'étant embarassé le pied dans la vaisselle qui gisait sur le carreau avec les restes du pâté et des confitures, il tomba à la renverse. Se trouvant sur le dos, une épée à la gorge, il saisit l'épée de la main gauche; l'homme, en la retirant, lui coupa trois doigts, et l'épée se trouva faussée. Et comme le duc d'Andria avançait les épaules pour se relever, un de ses agresseurs lui porta sur la tête un coup qui fit sauter les os du crâne. Alors les six hommes se jetèrent sur lui et l'achevèrent avec tant de précipitation qu'ils se blessèrent les uns les autres.

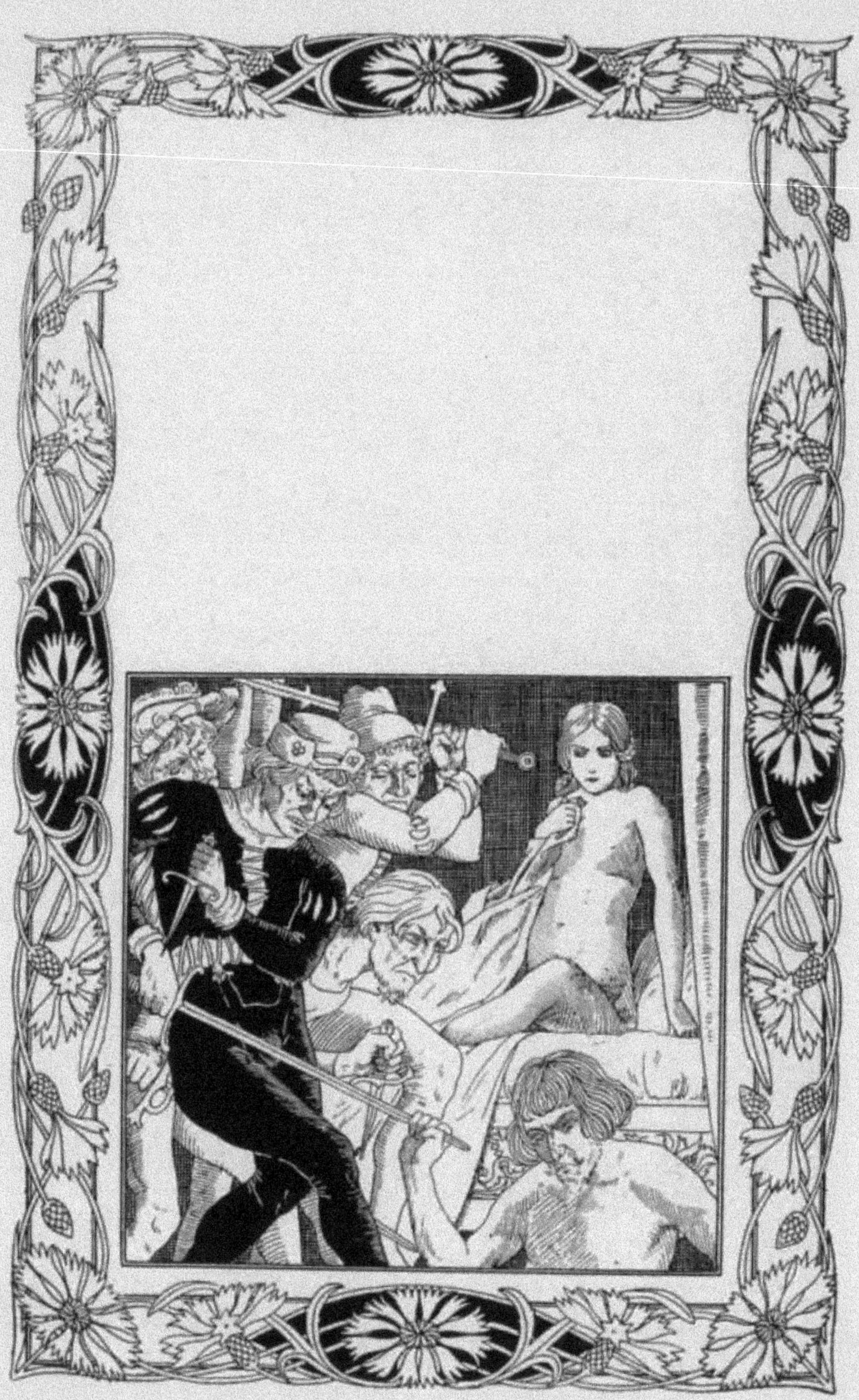

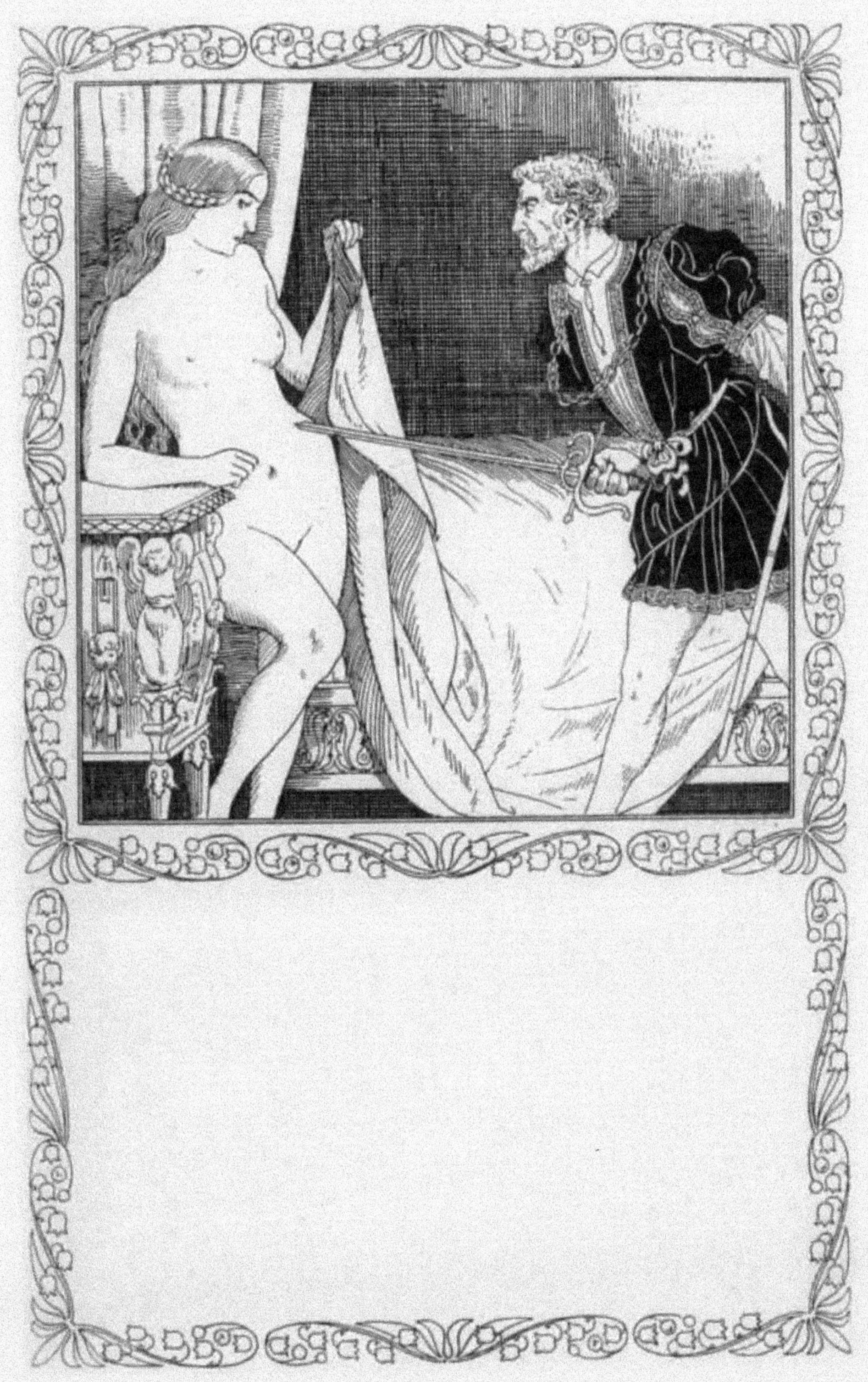

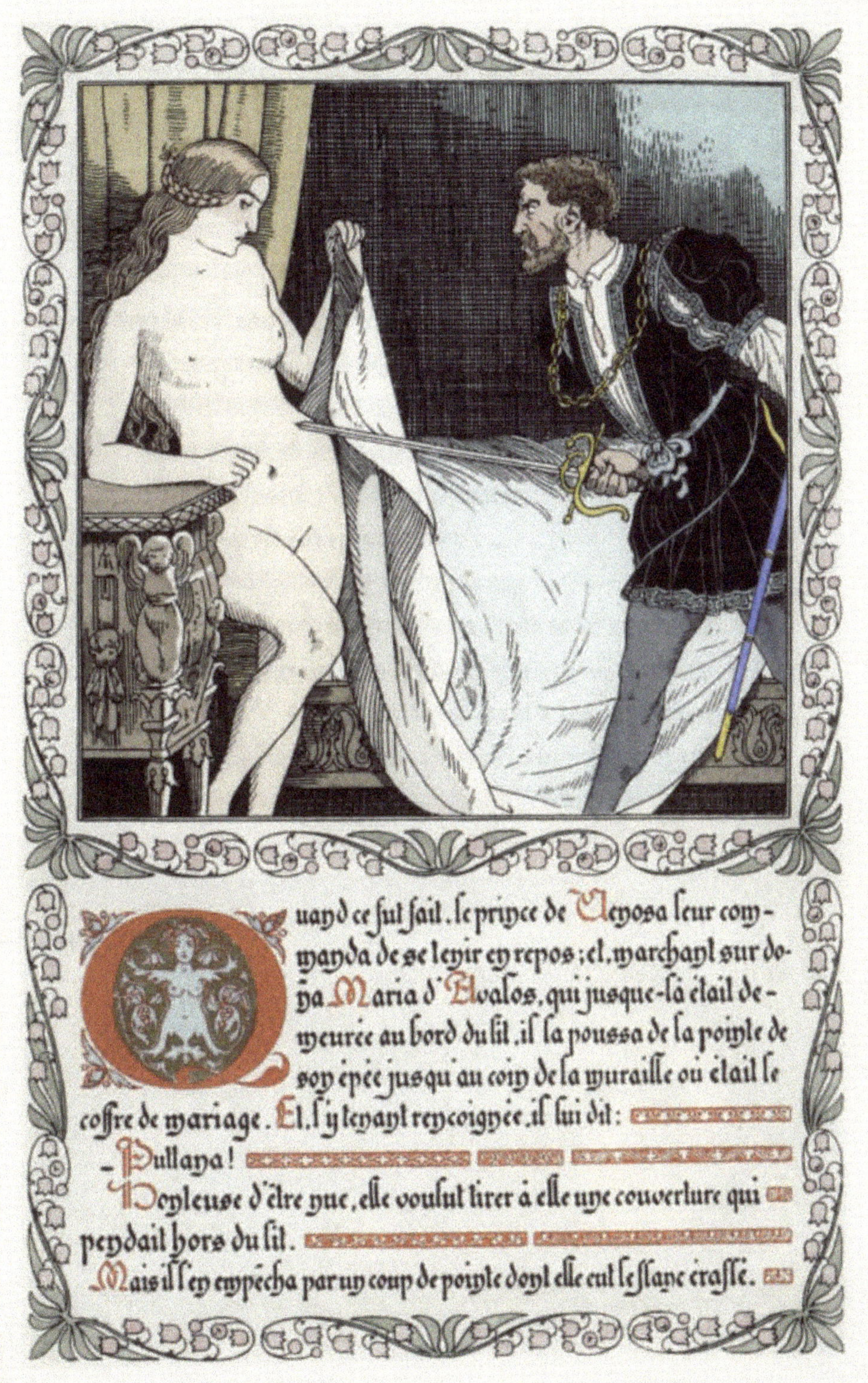

Quand ce fut fait, le prince de Venosa leur commanda de se tenir en repos; et, marchant sur doña Maria d'Avalos, qui jusque-là était demeurée au bord du lit, il la poussa de la pointe de son épée jusqu'au coin de la muraille où était le coffre de mariage. Et, l'y tenant rencoignée, il lui dit:

— Pullana!

Honteuse d'être nue, elle voulut tirer à elle une couverture qui pendait hors du lit.

Mais il l'en empêcha par un coup de pointe dont elle eut le flanc éraflé.

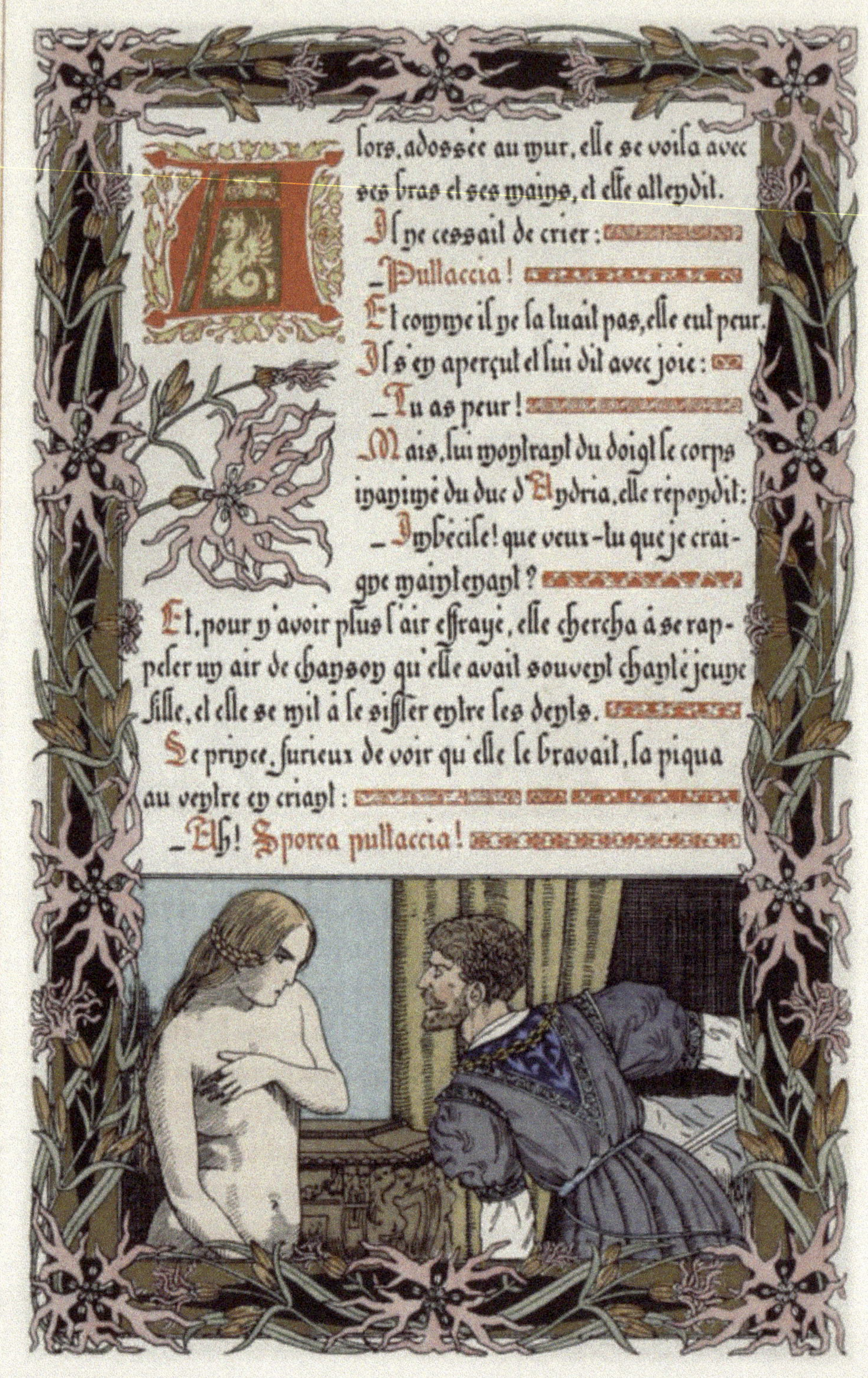

Alors, adossée au mur, elle se voila avec ses bras et ses mains, et elle attendit.

Il ne cessait de crier :

— Puttaccia !

Et comme il ne la tuait pas, elle eut peur.

Il s'en aperçut et lui dit avec joie :

— Tu as peur !

Mais, lui montrant du doigt le corps inanimé du duc d'Andria, elle répondit :

— Imbécile ! que veux-tu que je craigne maintenant ?

Et, pour n'avoir plus l'air effrayé, elle chercha à se rappeler un air de chanson qu'elle avait souvent chanté jeune fille, et elle se mit à le siffler entre les dents.

Le prince, furieux de voir qu'elle le bravait, la piqua au ventre en criant :

— Ah ! Sporca puttaccia !

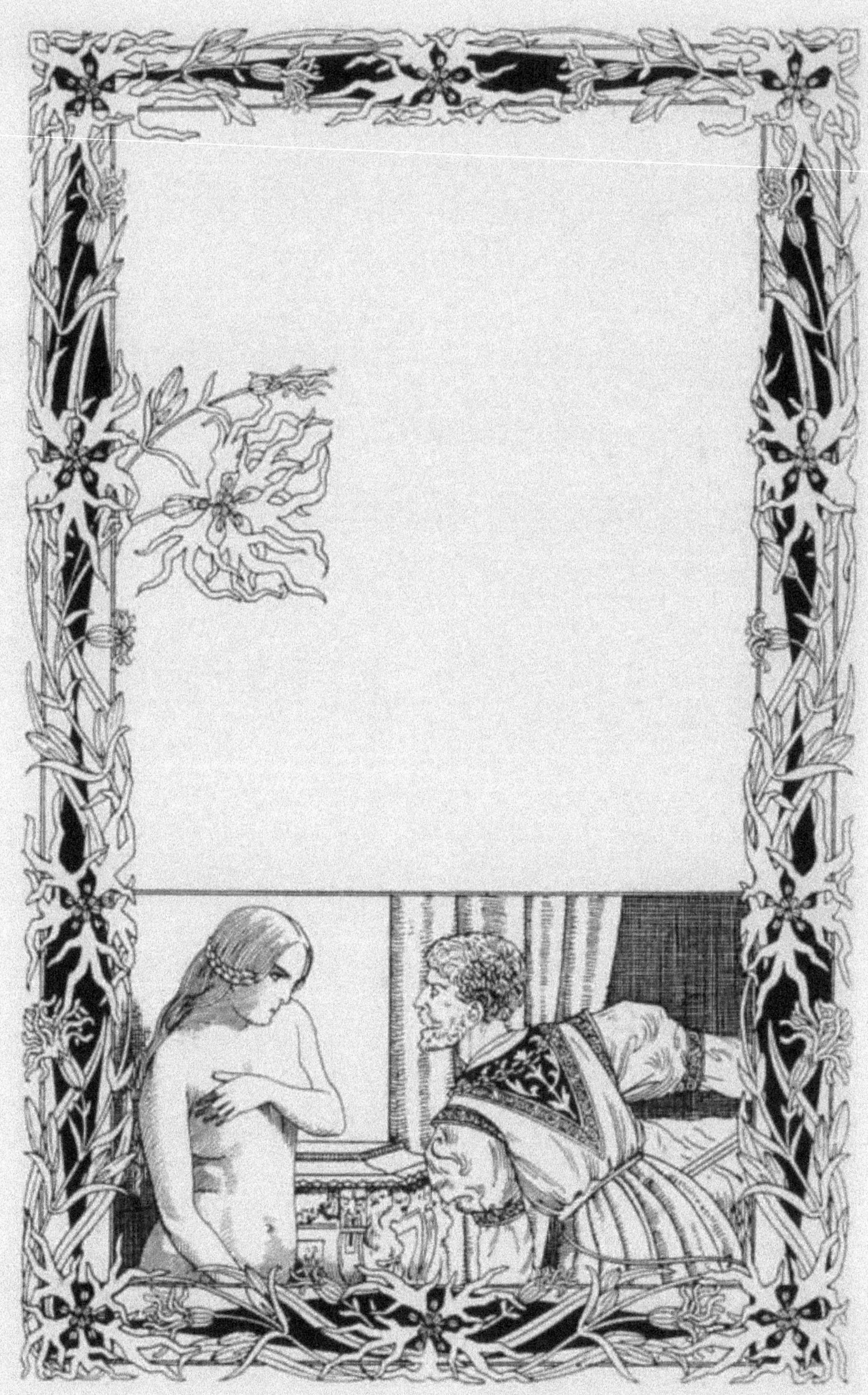

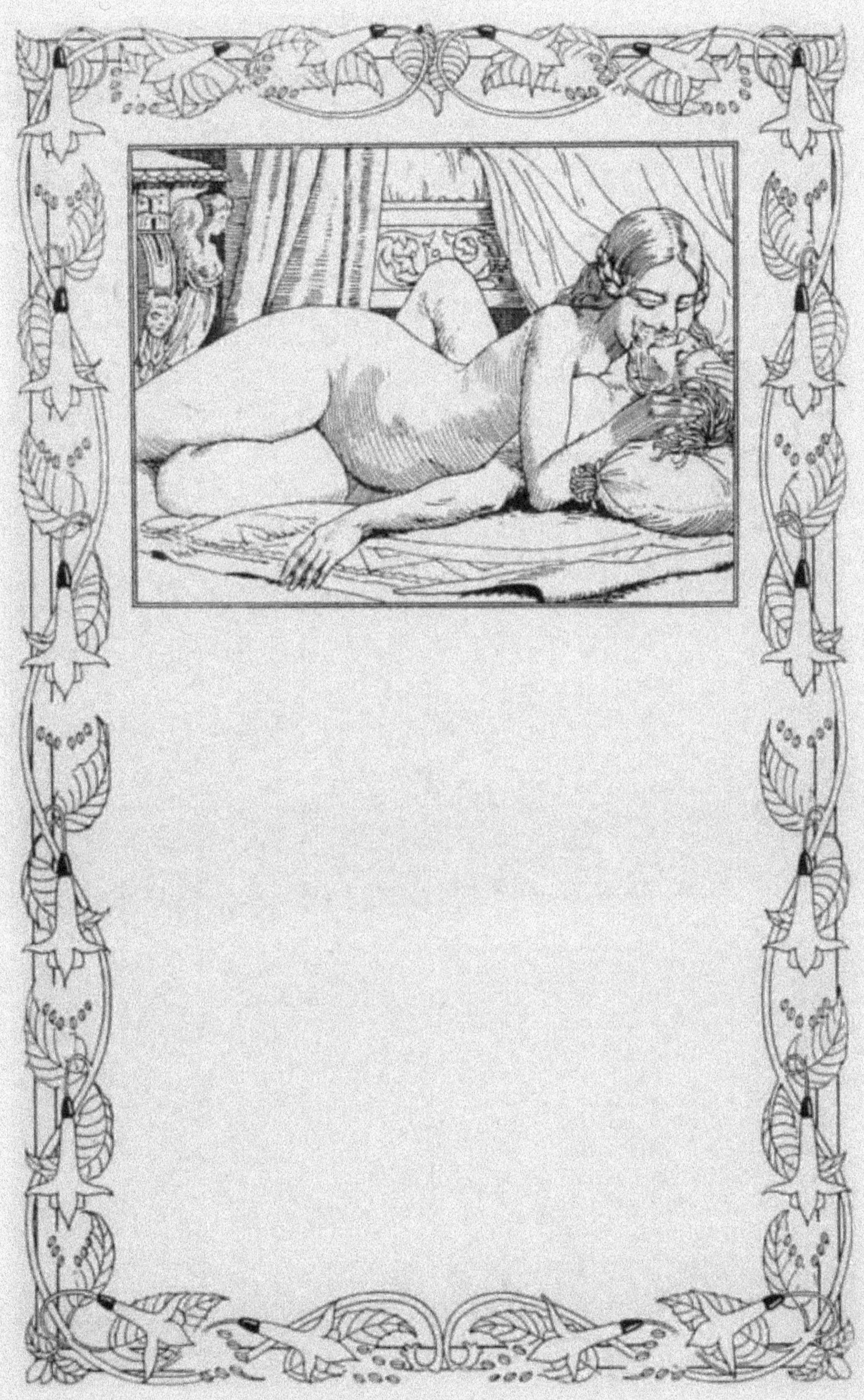

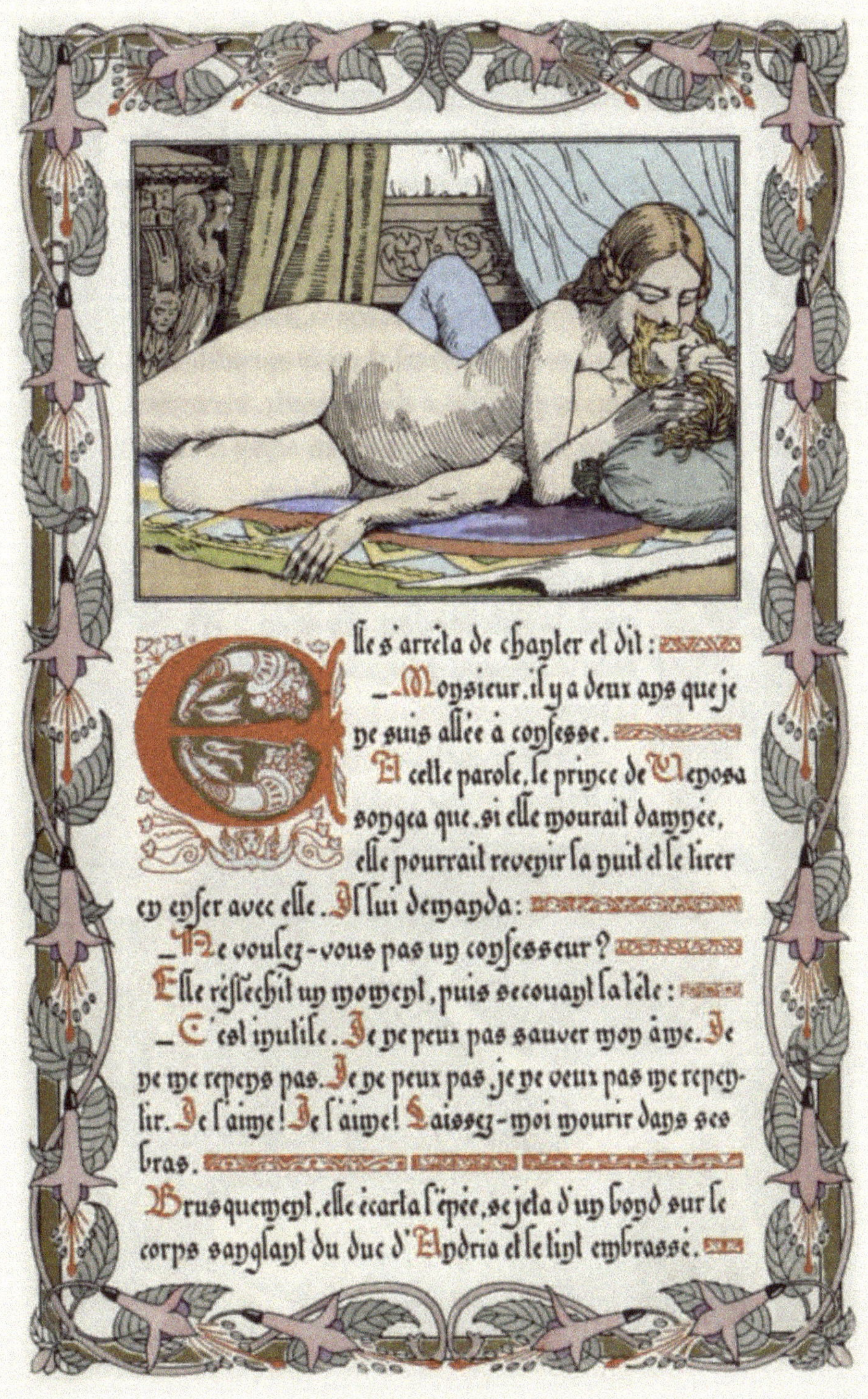

Elle s'arrêta de chanter et dit :

— Monsieur, il y a deux ans que je ne suis allée à confesse.

A cette parole, le prince de Venosa songea que, si elle mourait damnée, elle pourrait revenir la nuit et le tirer en enfer avec elle. Il lui demanda :

— Ne voulez-vous pas un confesseur ?

Elle réfléchit un moment, puis secouant la tête :

— C'est inutile. Je ne peux pas sauver mon âme. Je ne me repens pas. Je ne peux pas, je ne veux pas me repentir. Je l'aime ! Je l'aime ! Laissez-moi mourir dans ses bras.

Brusquement, elle écarta l'épée, se jeta d'un bond sur le corps sanglant du duc d'Andria et le tint embrassé.

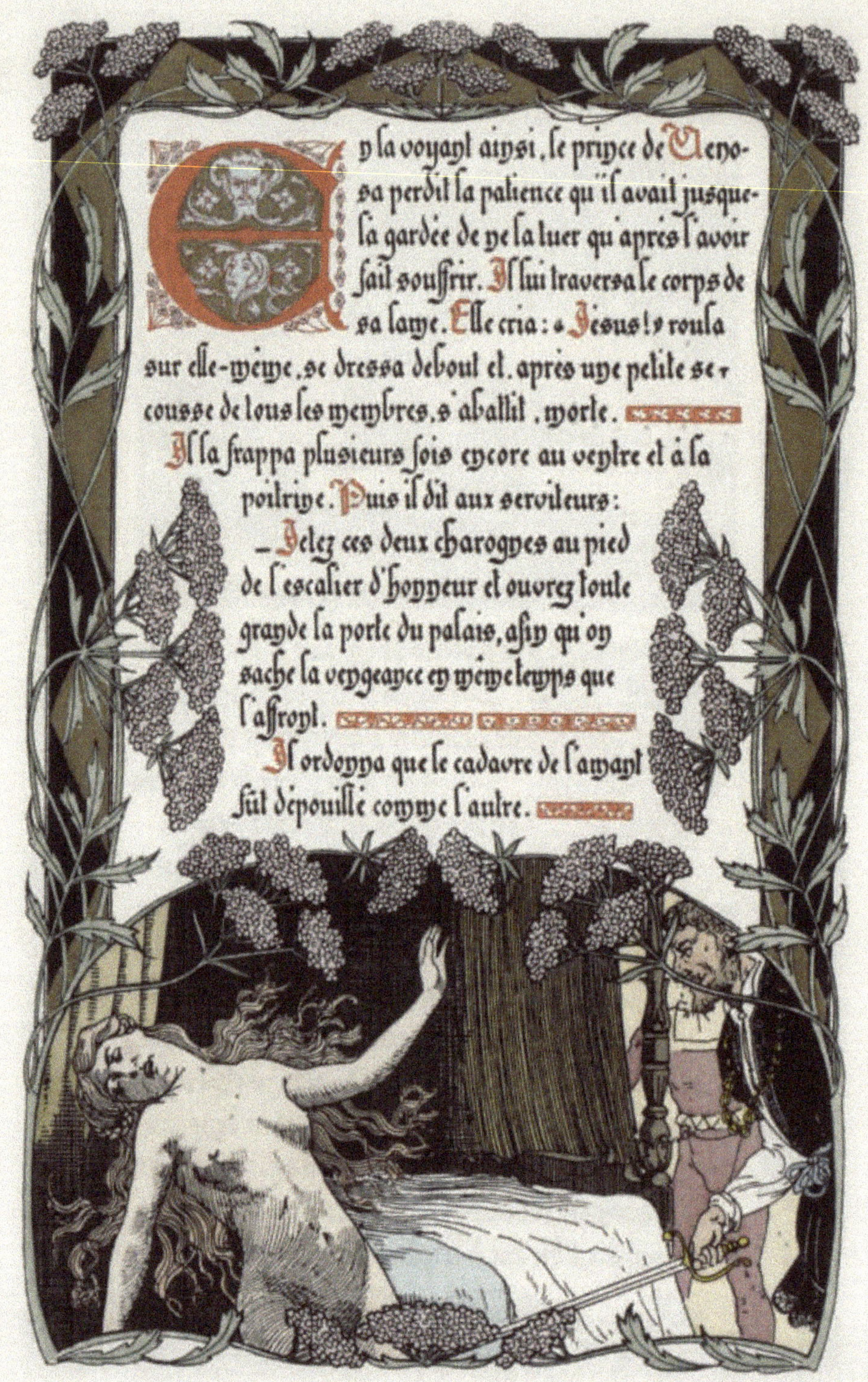

En la voyant ainsi, le prince de Venosa perdit la patience qu'il avait jusque-là gardée de ne la tuer qu'après l'avoir fait souffrir. Il lui traversa le corps de sa lame. Elle cria : « Jésus ! » roula sur elle-même, se dressa debout et, après une petite secousse de tous les membres, s'abattit, morte.

Il la frappa plusieurs fois encore au ventre et à la poitrine. Puis il dit aux serviteurs :

— Jetez ces deux charognes au pied de l'escalier d'honneur et ouvrez toute grande la porte du palais, afin qu'on sache la vengeance en même temps que l'affront.

Il ordonna que le cadavre de l'amant fût dépouillé comme l'autre.

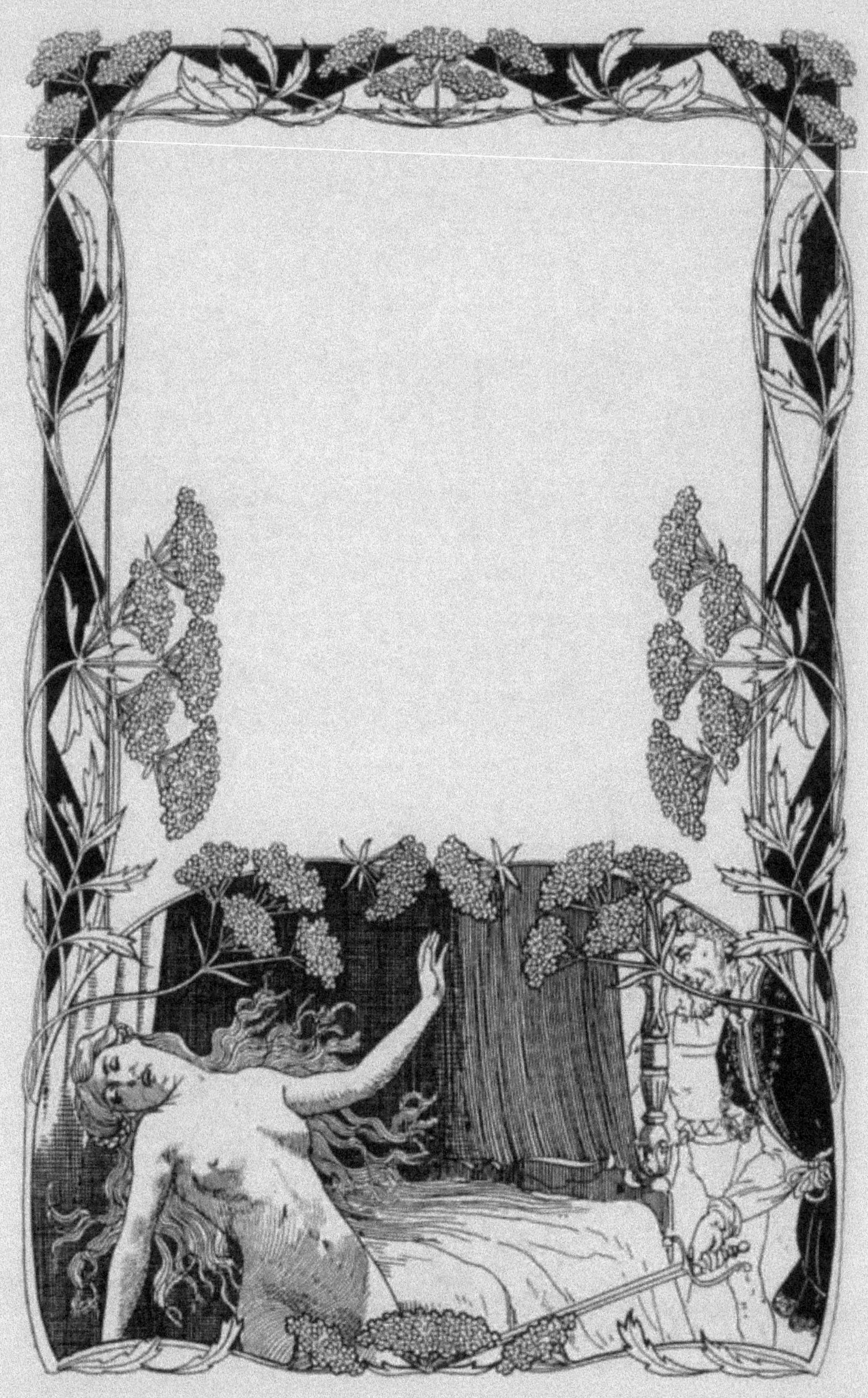

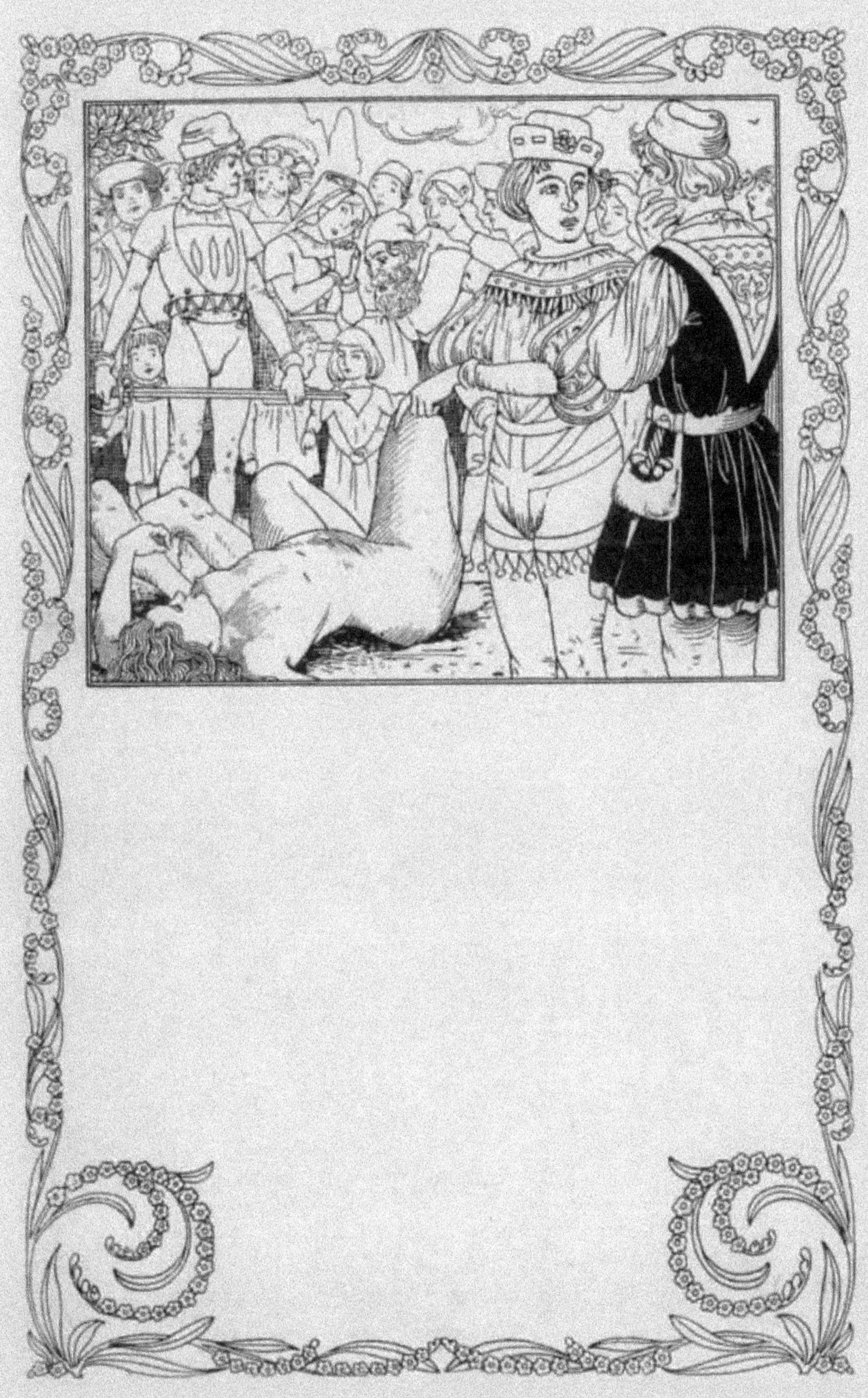

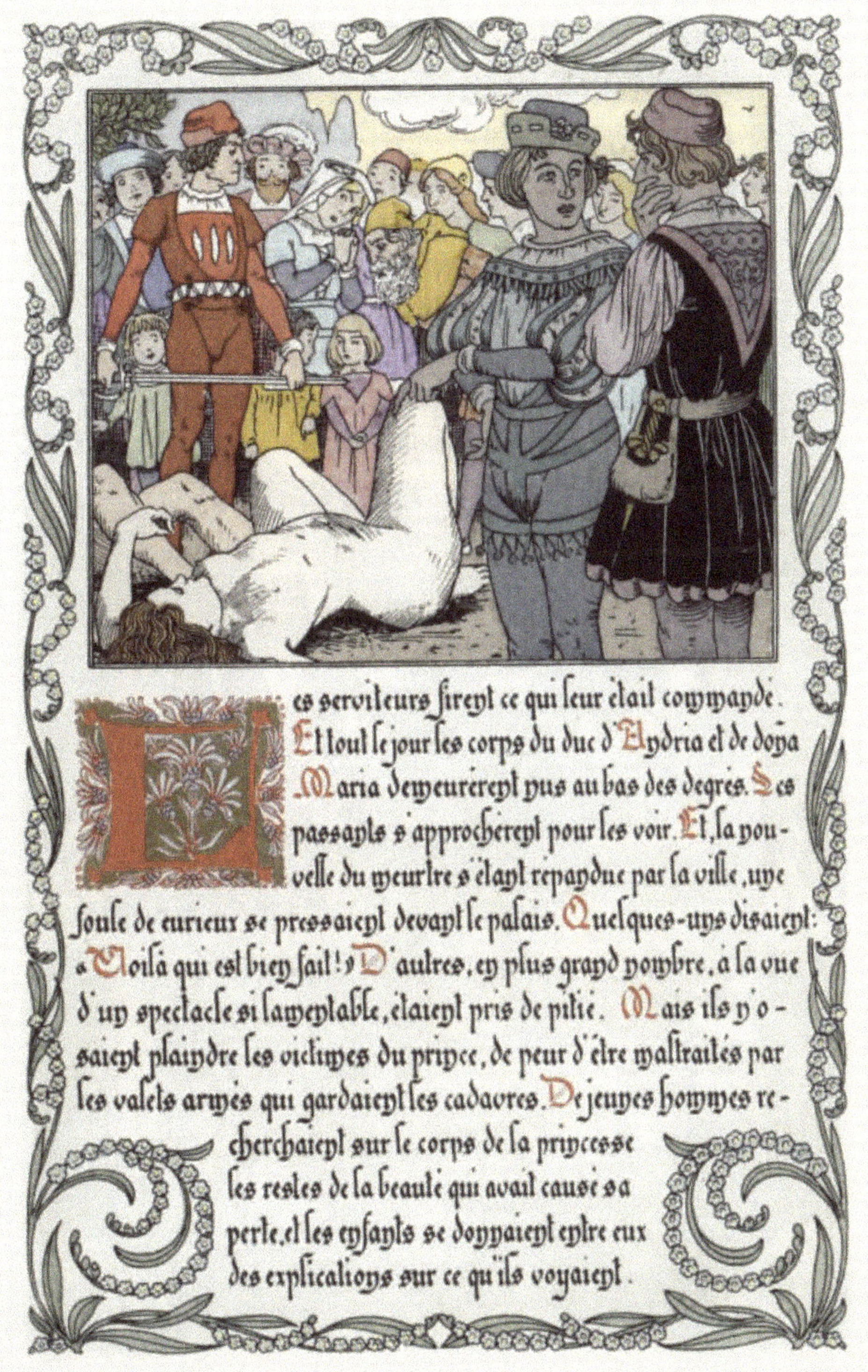

Les serviteurs firent ce qui leur était commandé. Et tout le jour les corps du duc d'Andria et de doña Maria demeurèrent nus au bas des degrés. Les passants s'approchèrent pour les voir. Et, la nouvelle du meurtre s'étant répandue par la ville, une foule de curieux se pressaient devant le palais. Quelques-uns disaient: « Voilà qui est bien fait! » D'autres, en plus grand nombre, à la vue d'un spectacle si lamentable, étaient pris de pitié. Mais ils n'osaient plaindre les victimes du prince, de peur d'être maltraités par les valets armés qui gardaient les cadavres. De jeunes hommes recherchaient sur le corps de la princesse les restes de la beauté qui avait causé sa perte, et les enfants se donnaient entre eux des explications sur ce qu'ils voyaient.

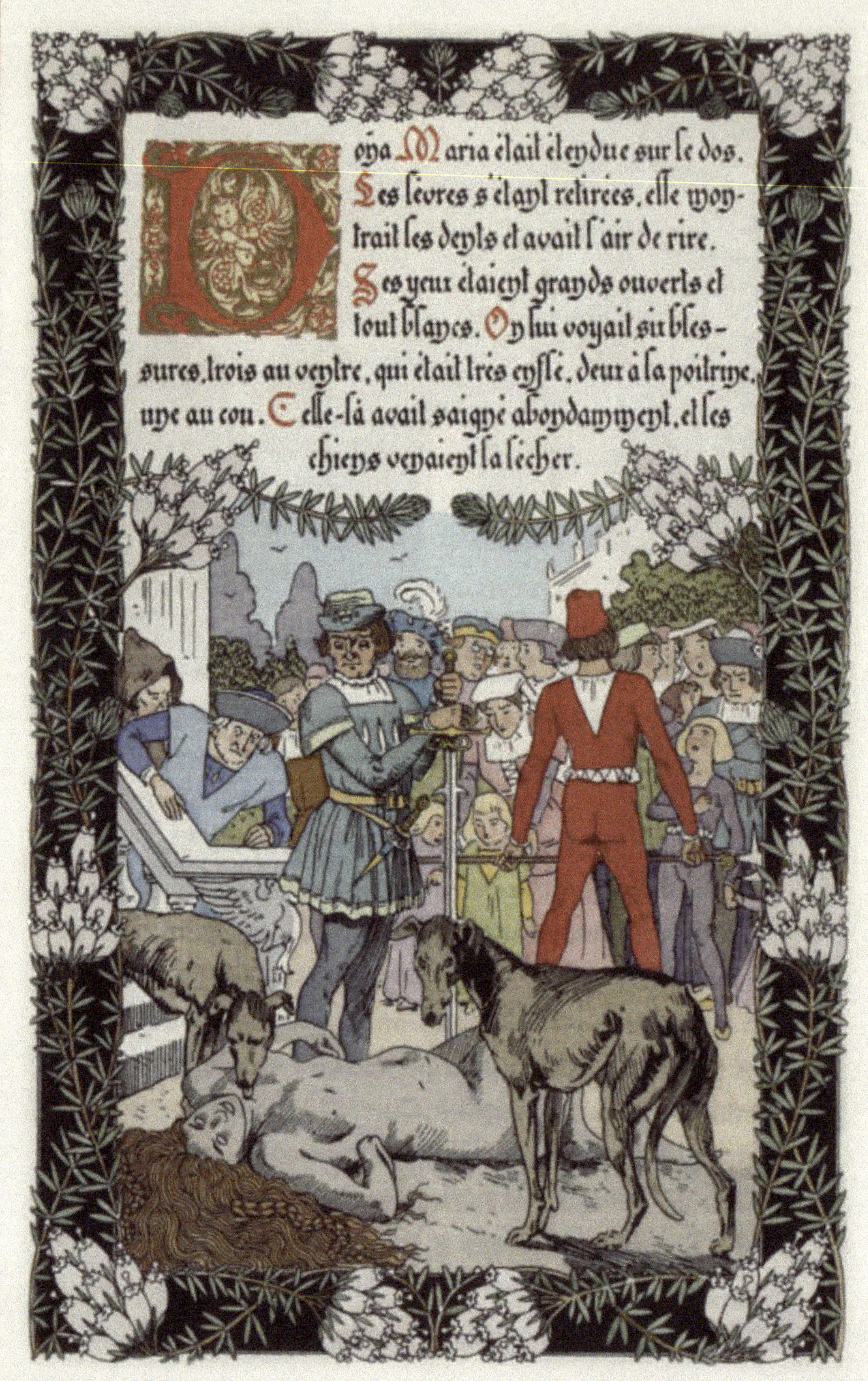

Doña Maria était étendue sur le dos. Les lèvres s'étant retirées, elle montrait les dents et avait l'air de rire. Ses yeux étaient grands ouverts et tout blancs. On lui voyait six blessures, trois au ventre, qui était très enflé, deux à la poitrine, une au cou. Celle-là avait saigné abondamment, et les chiens venaient la lécher.

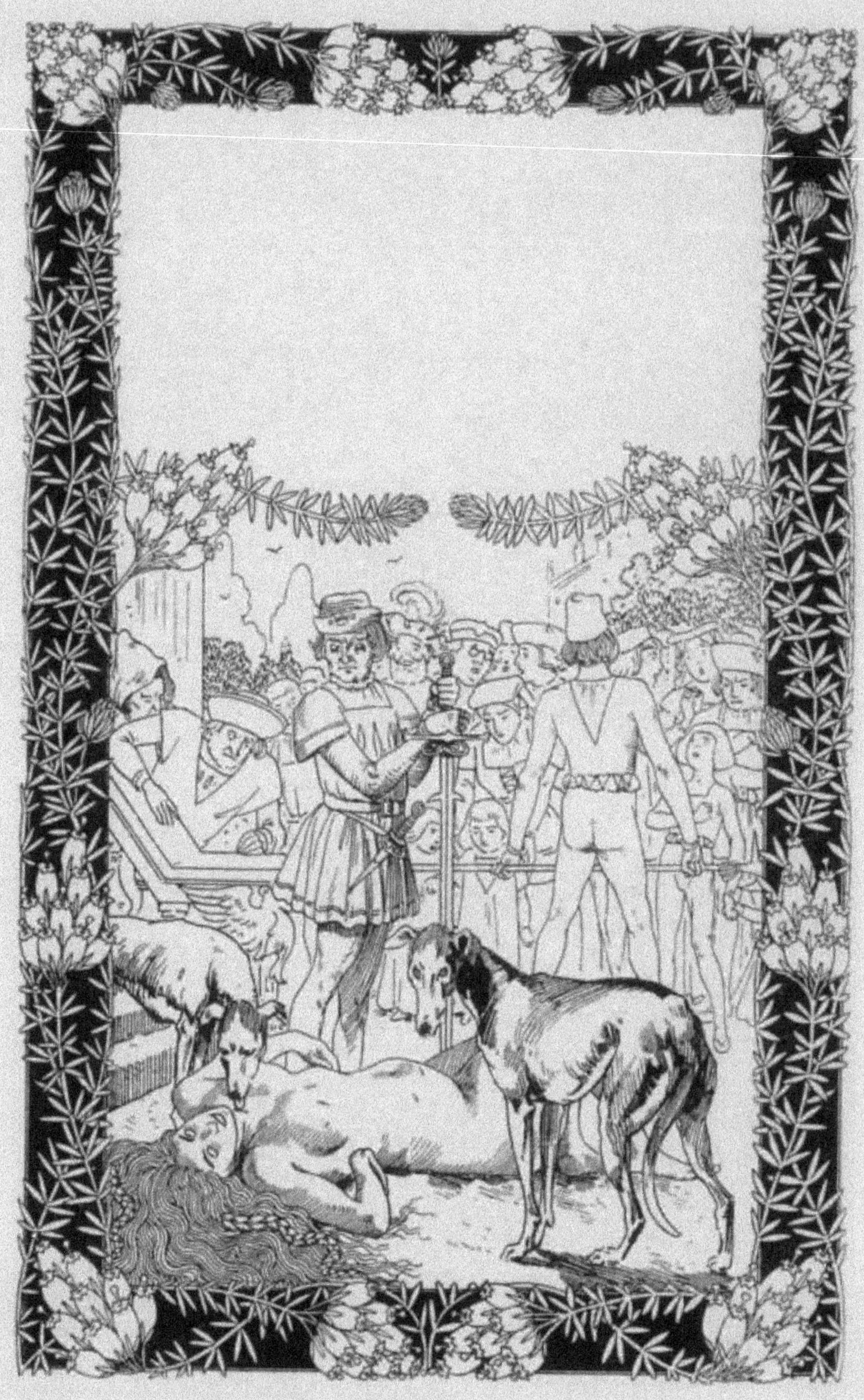

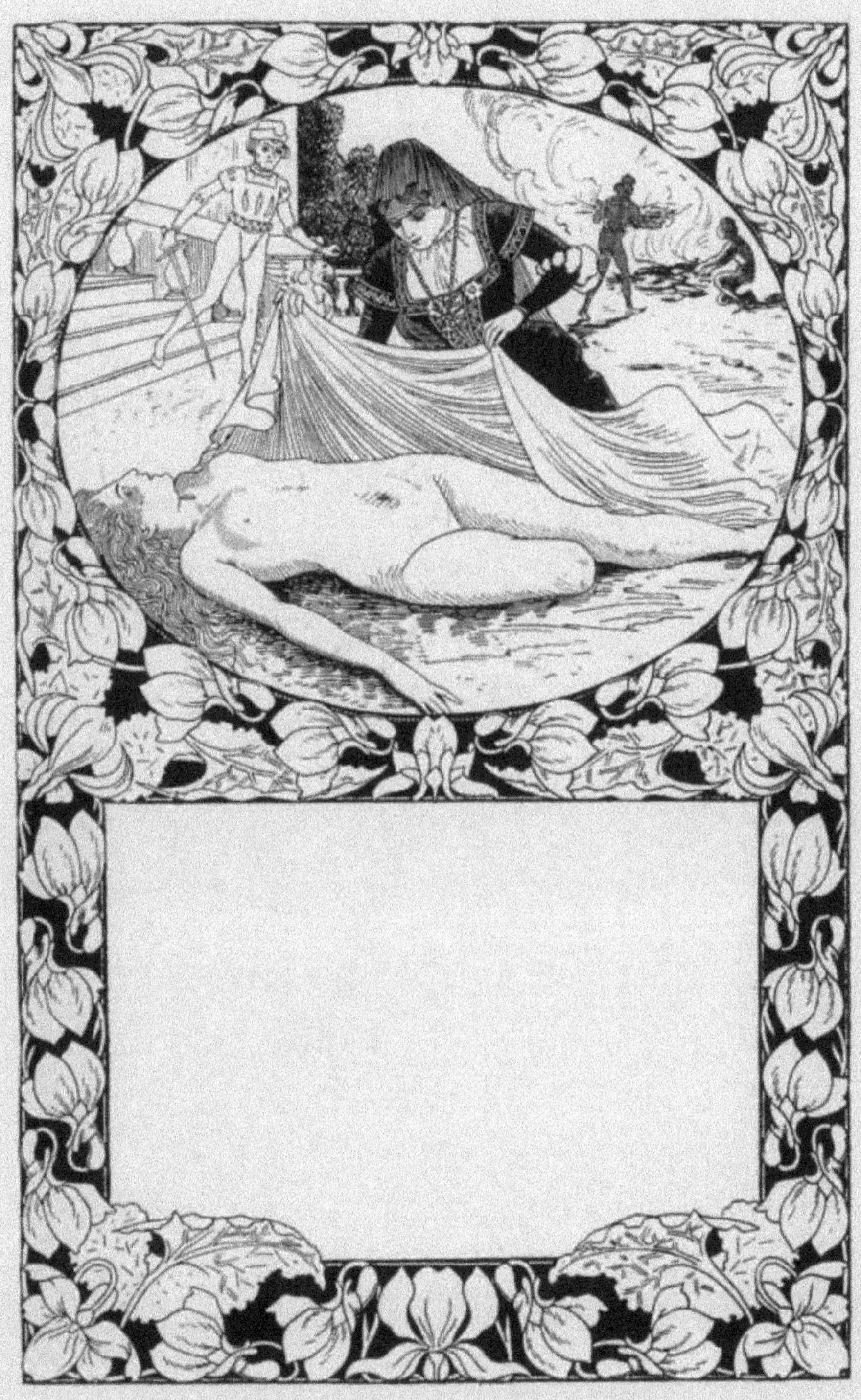

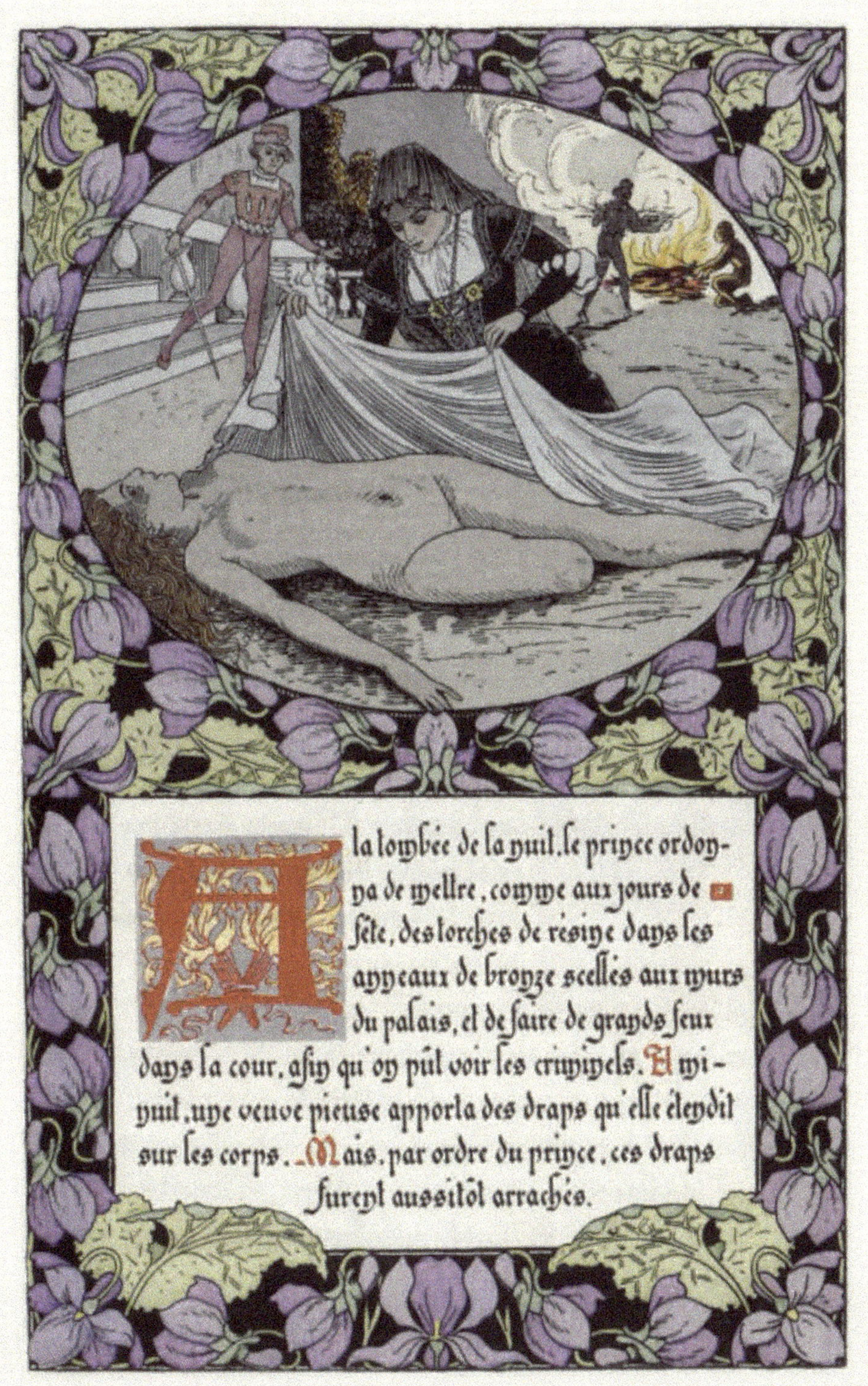

A la tombée de la nuit, le prince ordonna de mettre, comme aux jours de fête, des torches de résine dans les anneaux de bronze scellés aux murs du palais, et de faire de grands feux dans la cour, afin qu'on pût voir les criminels. A minuit, une veuve pieuse apporta des draps qu'elle étendit sur les corps. Mais, par ordre du prince, ces draps furent aussitôt arrachés.

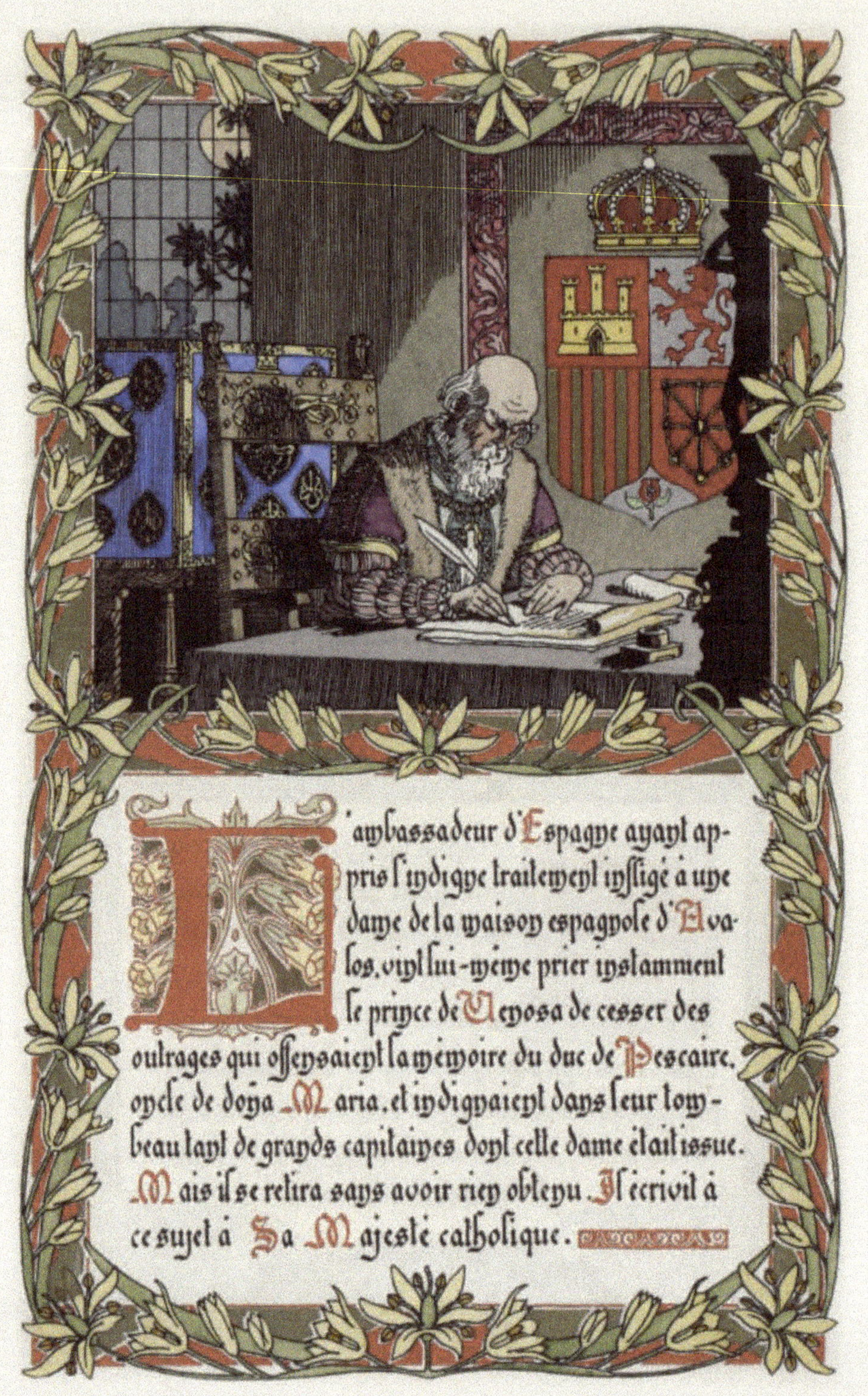

L'ambassadeur d'Espagne ayant appris l'indigne traitement infligé à une dame de la maison espagnole d'Avalos, vint lui-même prier instamment le prince de Venosa de cesser des outrages qui offensaient la mémoire du duc de Pescaire, oncle de doña Maria, et indignaient dans leur tombeau tant de grands capitaines dont cette dame était issue. Mais il se retira sans avoir rien obtenu. Il écrivit à ce sujet à Sa Majesté catholique.

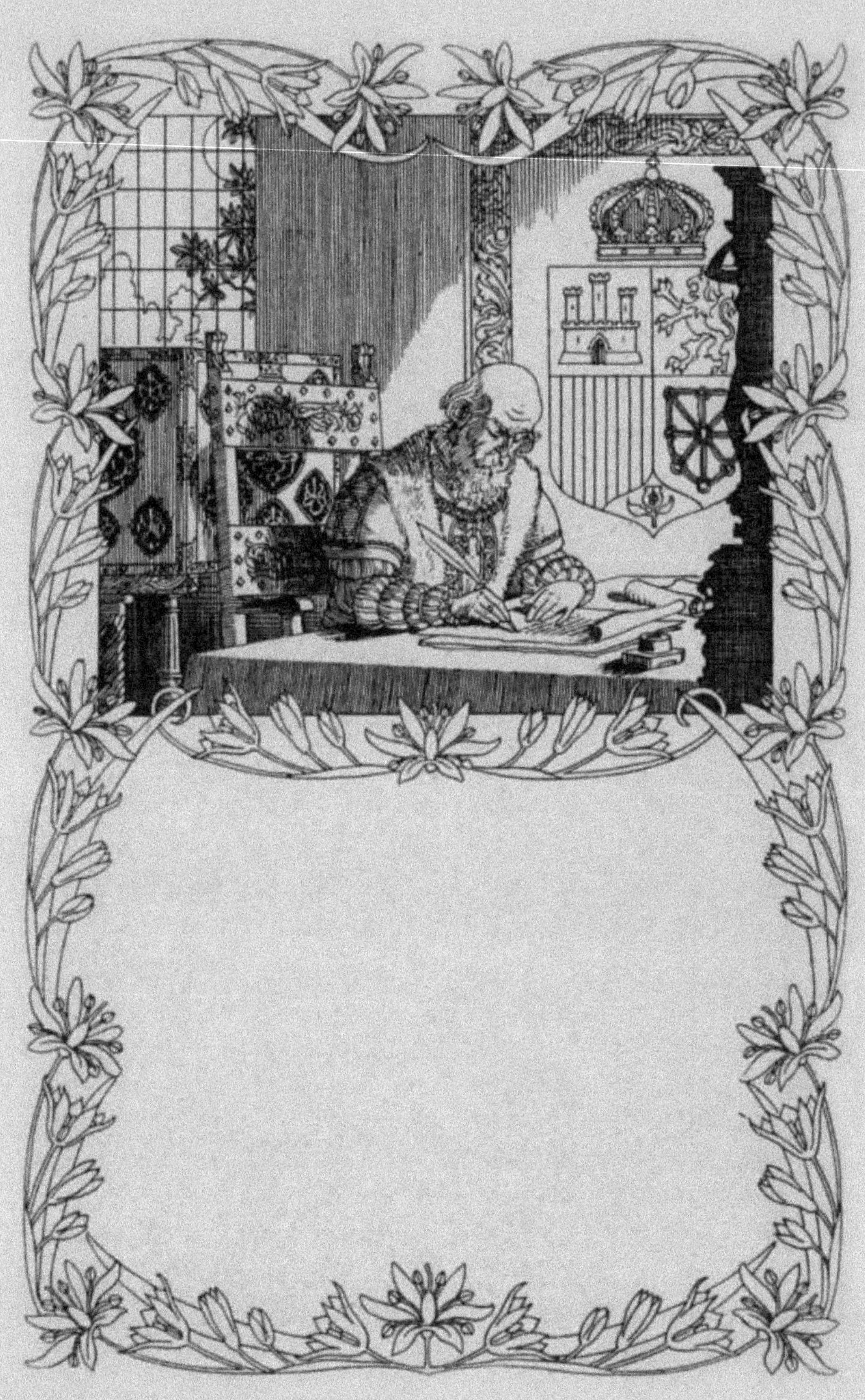

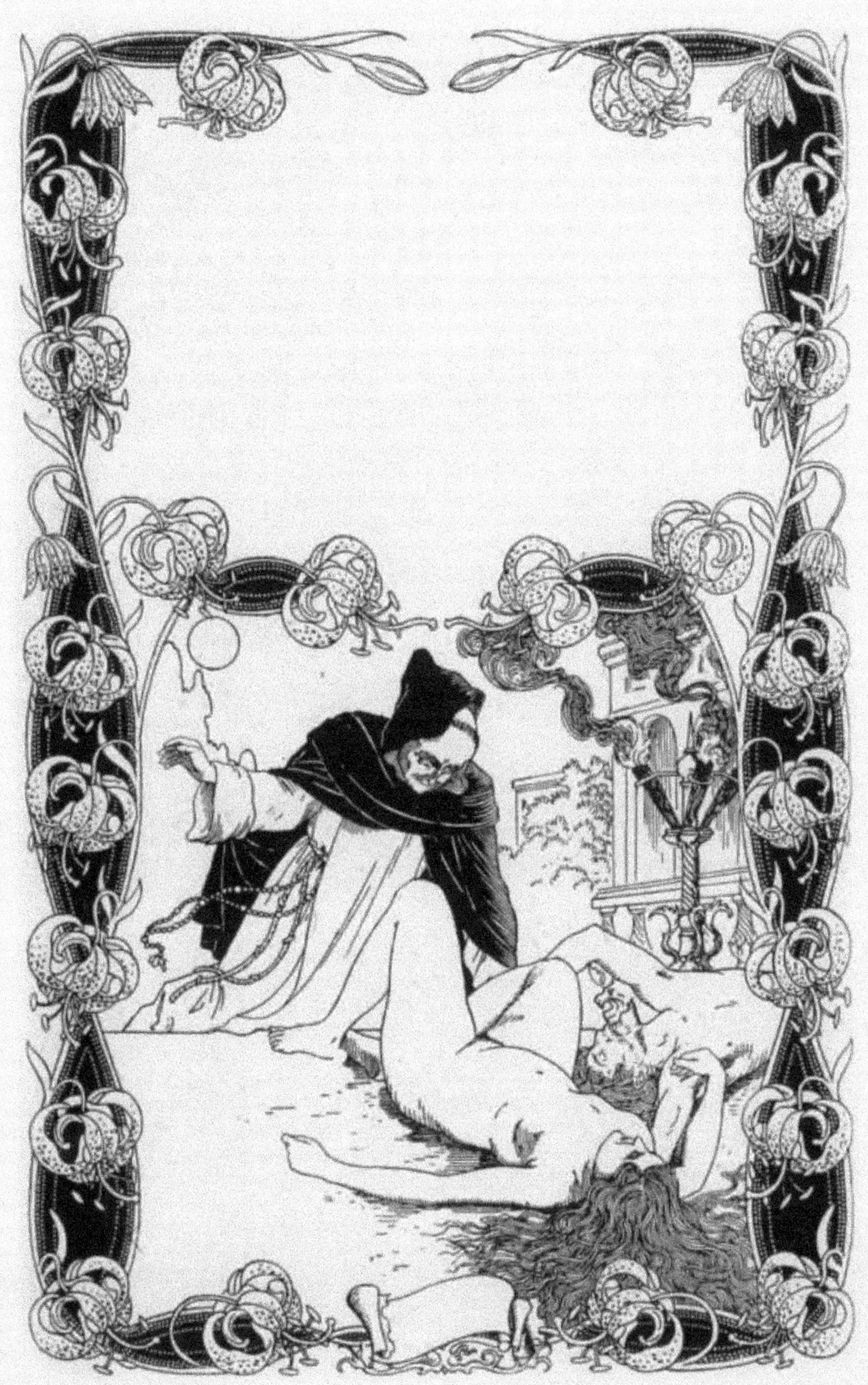

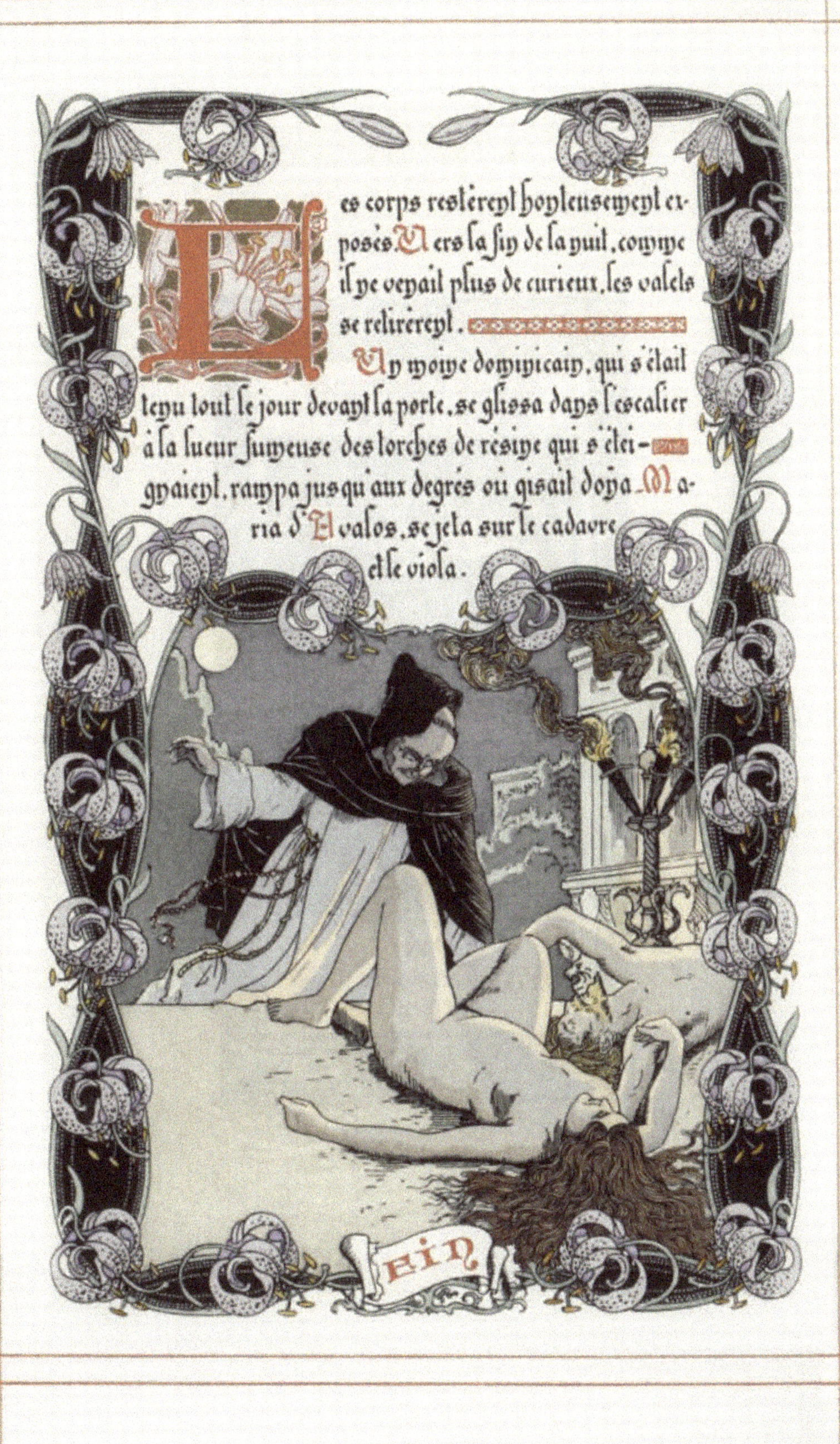

Les corps restèrent honteusement exposés. Vers la fin de la nuit, comme il ne venait plus de curieux, les valets se retirèrent.

Un moine dominicain, qui s'était tenu tout le jour devant la porte, se glissa dans l'escalier à la lueur fumeuse des torches de résine qui s'éteignaient, rampa jusqu'aux degrés où gisait dona Maria d'Avalos, se jeta sur le cadavre et le viola.

FIN

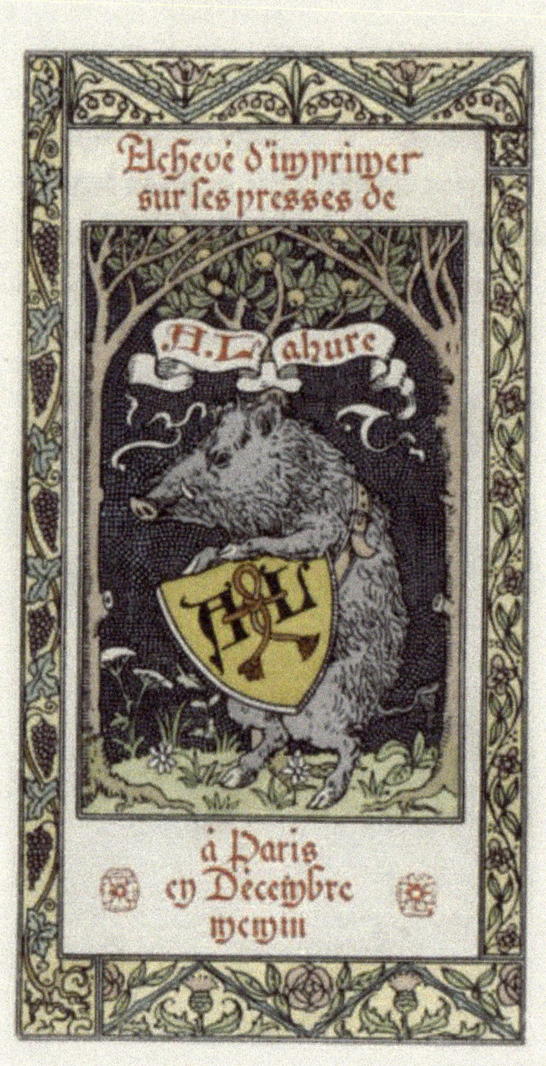
Achevé d'imprimer
sur les presses de
A. Lahure
à Paris
en Décembre
mcmiii

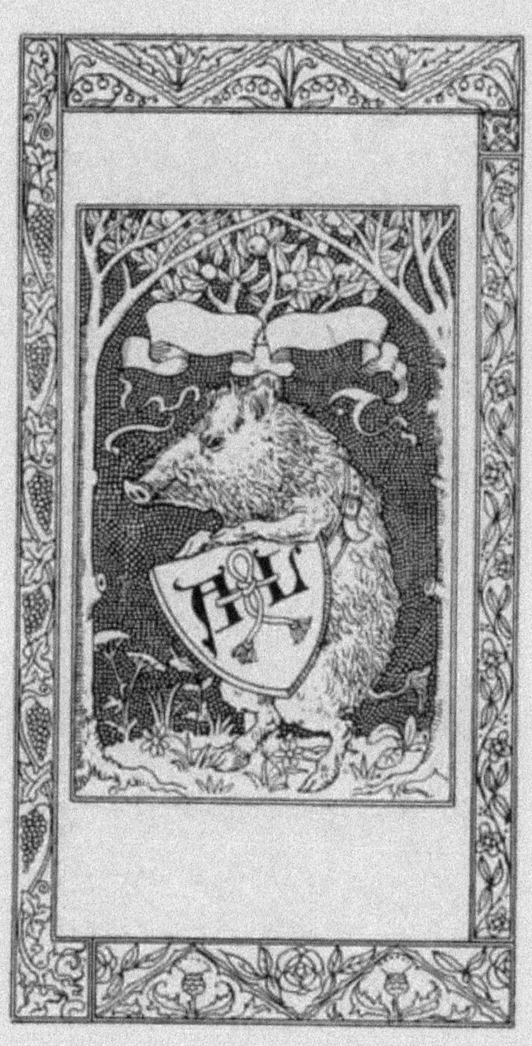

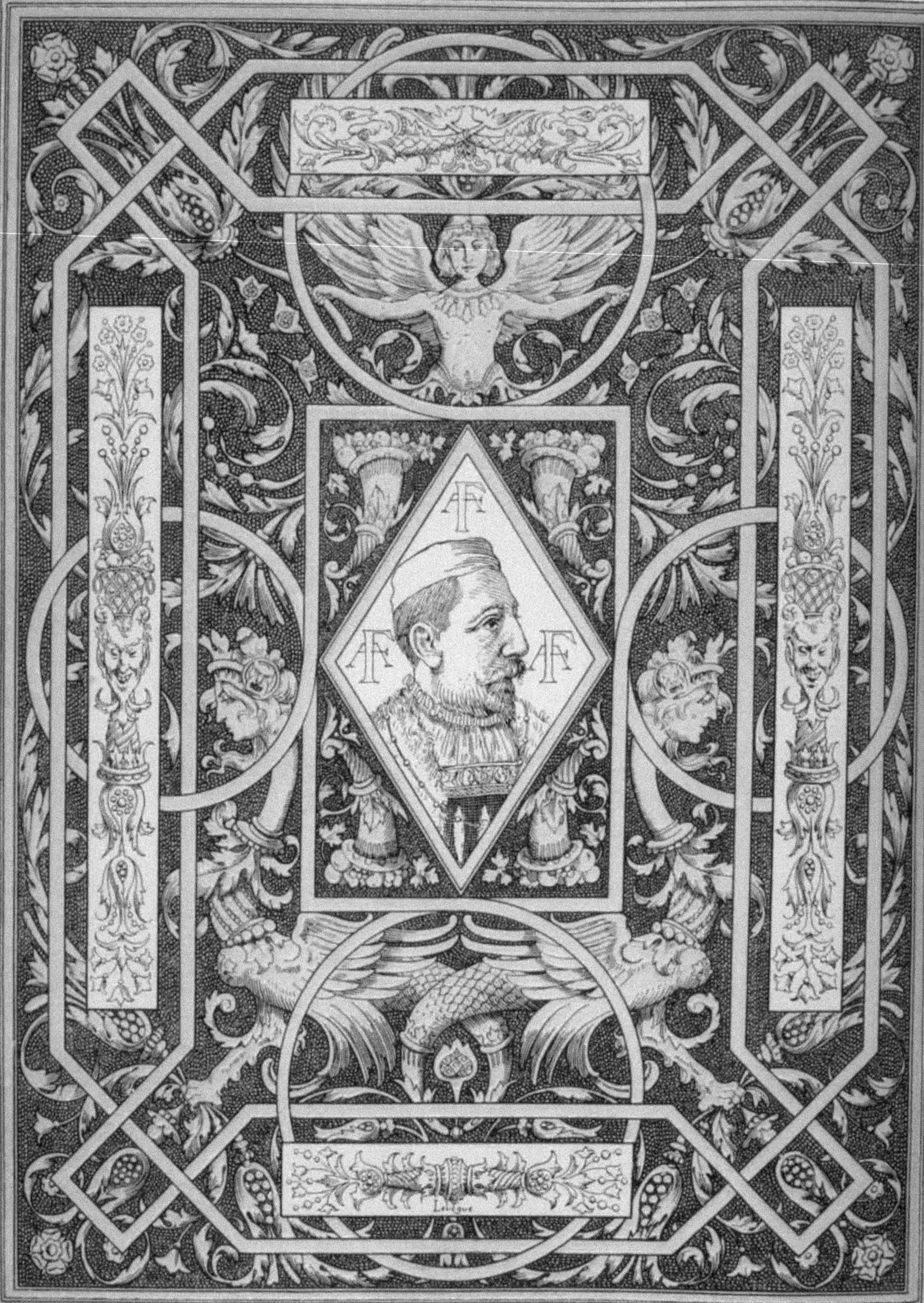

AF
AF
AF

Achevé d'imprimer en Angleterre
par Lightning Source UK

www.ingramcontent.com/pod-product-compliance
Ingram Content Group UK Ltd.
Pitfield, Milton Keynes, MK11 3LW, UK
UKHW062009290726
14090UKWH00022B/1469

9 782013 729444